山东省少先队研究重点课题
"九年一贯制学校党团队一体化实践课程体系建设的研究"

九年一贯制农村学校思想建设一体化发展战/略/研/究

杨志伟 燕翠翠 著

武汉出版社

(鄂)新登字08号

图书在版编目（CIP）数据

九年一贯制农村学校思想建设一体化发展战略研究 /
杨志伟, 燕翠翠主编. -- 武汉：武汉出版社, 2024.5
　　ISBN 978-7-5582-6674-4

Ⅰ.①九… Ⅱ.①杨… ②燕… Ⅲ.①农村学校—中
小学教育—思想建设—研究—中国 Ⅳ.①G633.202

中国国家版本馆CIP数据核字（2024）第075369号

九年一贯制农村学校思想建设一体化发展战略研究
JIUNIAN YIGUANZHI NONGCUN XUEXIAO SIXIANG JIANSHE YITIHUA FAZHAN ZHANLUE YANJIU

主　　编：	杨志伟　燕翠翠
责任编辑：	沙　青
封面设计：	宋俊清
出　　版：	武汉出版社
社　　址：	武汉市江岸区兴业路136号　　邮　编：430014
电　　话：	（027）85606403　85600625
http://www.whcbs.com	E-mail:whcbszbs@163.com
印　　刷：	三河市金兆印刷装订有限公司　经　销：新华书店
开　　本：	710mm×1000mm　1/16
印　　张：	10.5　　　　　　　　　　　　字　数：200千
版　　次：	2024年5月第1版　2024年5月第1次印刷
定　　价：	60.00元

版权所有·翻印必究
如有质量问题，由承印厂负责调换。

序言

为落实习近平新时代中国特色社会主义思想和社会主义核心价值观教育，着力推动党、团、队育人链条相衔接、相贯通，筑牢党团队一体化育人模式。同时，也为构建适合九年一贯制农村学校的党团队一体化建设体系，提升党团队一体化育人的工作实效，打造"三有三引"党团队一体化先锋学校，构建能撬动九年一贯制农村学校的党团队一体化纵深推进的评价体系，我们申请并立项了市规划课题"九年一贯制农村学校党团队一体化建设的实践研究"。

本课题以九年一贯制农村学校党支部全体党员教师及团支部团员教师、小学部全体少先队员及各年级班干部、初中部全体共青团员和少先队员为研究对象，充分运用文献研究法、调查研究法、行动研究法、个案研究法，重点研究党团队一体化的组织建设、阵地版图绘制、精品课程开发、工作路线开辟、评价体系以及保障机制的架构等核心内容。经过系统研究，课题组建设了党团队一体化组织，绘制了"红心传承"阵地版图，开发了"红心研习"精品课程，开辟了"红心践行"工作路线，构建了党团队一体化评价体系和保障机制，形成了"活动组织—阵地版图—精品课程—工作路线—保障机制—评价体系"六位一体的九年一贯制农村学校党团队一体化建设实施策略。

经过系统研究与实践，基本实现了本研究的预期目标。通过党团队一体化建设实施策略，构建了完善的爱国铸魂育人工作机制，形成了培植学生爱国情感、自觉培育和践行社会主义核心价值观的一体化模式，培育了一批有理想信念的党员、团员和少先队员。

杨志伟

2023年10月

目 录

第一章 九年一贯制农村学校发展的必由之路 ········· 001
    第一节 研究目的 ········· 001
    第二节 研究意义 ········· 003
    第三节 研究假设 ········· 004
    第四节 核心概念 ········· 005

第二章 国内外党团队一体化建设的研究概述 ········· 007
    第一节 理论基础 ········· 007
    第二节 相关研究成果 ········· 011

第三章 构筑党团队一体化阶梯式育人新模式 ········· 019
    第一节 研究设计 ········· 019
    第二节 研究对象及研究方法 ········· 022
    第三节 技术路线 ········· 023

第四章 建设"三有三引"党团队一体化活动组织 ········· 024
    第一节 形成"三有三引"党团队一体化工作品牌 ········· 025
    第二节 健全领导机构 ········· 026
    第三节 提升活动组织 ········· 027
    第四节 践行实践策略 ········· 029

目录

第五章　绘制 "红心传承" 党团队一体化红色阵地版图 …… 032
第一节　建设校内 "红心传承" 活动阵地版图 …… 033
第二节　绘制校外 "红心传承" 活动阵地版图 …… 039

第六章　打造 "红心研习" 党团队一体化精品课程 …… 057
第一节　红色德育课程 …… 057
第二节　红色学科课程 …… 075
第三节　红色信念课程 …… 084
第四节　红色实践课程 …… 089

第七章　开辟 "红心践行" 党团队一体化工作路线 …… 099
第一节　建设行为习惯养成教育党团队管理体系 …… 099
第二节　健全节日主题教育党团队组织模式 …… 104
第三节　架构仪式教育活动党团队三级引领框架 …… 109
第四节　完善党团队先锋模范带头工作机制 …… 115
第五节　建立党团队一体化 "样板" 组织生活 …… 121

第八章　健全 "三有三引" 党团队一体化保障机制 …… 127
第一节　健全组织保障领导 …… 127
第二节　完善安全保障措施 …… 129
第三节　建立经费保障机制 …… 132
第四节　建立政策保障机制 …… 134

第九章　构建 "三有三引" 党团队一体化评价机制 …… 137
第一节　思想评价 …… 138
第二节　活动评价 …… 140

第三节　作为评价 …………………………………………141

   第四节　模范评价 …………………………………………142

第十章　分析、讨论和建议 …………………………………144

   第一节　分析 ………………………………………………144

   第二节　讨论 ………………………………………………146

   第三节　建议 ………………………………………………146

参考文献

附录

   附录1　九年一贯制农村学校"红领巾奖章"实施方案 …………151

   附录2　九年一贯制农村学校"红领巾奖章"争章细则 …………154

   附录3 ………………………………………………………160

   附录4 ………………………………………………………161

   附录5 ………………………………………………………162

第一章

九年一贯制农村学校发展的必由之路

党是先锋队,团是突击队,队是预备队。党建带团建、队建是大中小学校党建工作的重要组成部分,是党的优良传统和政治优势。作为一所九年一贯制学校,走党团队一体化建设之路是学校的必要选择。但是,在实际的调研过程中发现活动形式单一、积极性不足等问题。结合国家政策以及学校实际研究,课题组期待通过探索"党团一体化的育人工作机制、实践活动体系、校本课程开发以及理论体系",激励全体教师争做"四有"情怀的社会主义建设者,同时发挥团员、少先队员模范带头作用,培养新时代具有爱国情怀的建设者和接班人。

第一节 研究目的

党团队一体化建设是新时代学校教育的必然选择。党建、团建、队建,是学校教育工作的有机组成部分。随着《在同团中央新一届领导班子集体谈话时的讲话》《在中央党的群团工作会议上的讲话》《中共中央关于全面加强新时代少先队工作的意见(2021年1月31日)》《中国共产党组织工作条例》《共青团中央关于全面加强新时代青年社会组织共青团工作的意见》(2022年7月)《全面构建新时代少先队社会化工作体系实施方案(2022—2025年)》(2022年9月)等文件的相继出台,党团队建设在中小学中的地位日益凸显。我们基于习近平新时代中国特色社会主义思想和社会主义核心价值观教育，以及教育部提出的"学习新思想做好接班人"主题活动的精神，立足于九年一贯制党团队建设的先天优势和当前党建、团建、队建工作的离散状态，特提出建设九年协同衔接的党团队一体化体系与模式。

党团队一体化建设是我们学校发展的必由之路。课题试验学校位于临淄城区东部，属于农村义务教育阶段，为九年一贯制学校，共有20个教学班，学生740人；学校现有教职工97人。学校以党的二十大精神和习近平新时代中国特色社会主义思想为指导，全面贯彻党的教育方针，坚守"规范、精细、质量"主题，深入推进"当旗手 作标杆"及"思想大解放，作风大转变，能力大提升，工作大落实"活动，坚持在疫情防控工作和教育改革发展工作两方面常抓不懈，以推动高质量发展为目的，以改革创新改革发展为根本动力，落实立德树人根本任务，加强党建引领、改革引领、质量引领，抓好责任落实，全力创新突破，推进教育治理体系和现代化办学能力现代化，教育教学呈现出整体优质均衡发展的良好态势。为了确保良好的发展势头，总结推广先进的经验，我们对学校工作进行了通盘考虑和问卷调查，发现党团队一体化建设还存在以下几个突出的问题。

调研结果：

1. 党团队活动内容、组织形式、师生的收获等方面有待提高：47%的受访者认为学校举行的衔接活动比较少，不能满足师生发展的需求；

2. 活动形式较为单一，无法满足学生对丰富活动载体的需求：有35%的受访者表示，党团队活动的组织形式单一，不能很好地保持和提高党团队员对活动的兴趣和热情；

3. 在党团队共建活动中，身体力行的活动较少、知晓率低：有10%的受访者表示对学校党团队一体化建设不了解；

4. 学生对入团、入党的积极性有待提高：结合新时代中国特色社会主义思想任务，学生有必要在党团队共建中端正思想，明确志向（如图1-1所示）。

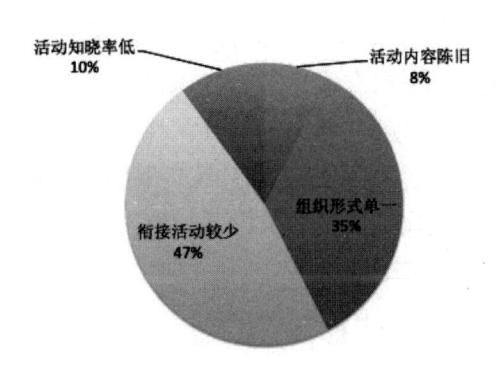

图1-1 关于党团队一体化建设制约因素的调查问卷

问题成因：

1. 党团队一体化活动组织、保障机制、评价机制不健全，工作机制尚待完善。

2. 研学课程、社会实践工作路线、红色实践等活动较多，但未形成一体化模式。

3. 党团队一体化建设缺乏有效的统筹。

因此，结合上述国家政策及教育教学研究趋势的分析，立足学校实际情况和周边地域文化特点，针对"如何用新时代中国特色社会主义思想进行铸魂育人""如何更好地贯彻党的教育方针落实立德树人根本任务""如何借助日常生活中的党团队资源培育学生爱国情感"等现实问题，我们尝试探索"党团一体化的育人工作机制、实践活动体系、校本课程开发以及理论体系"，引导全体师生树立"四个自信"。

第二节 研究意义

一、理论意义

本课题致力于九年一贯制的融合与互通、党团队一体化的帮带协同、新形势下地域基地的建设和课程的建设、学生成长体系的跟踪指导与评价，其机制建设与研究方法或许能为中小学提供借鉴。以党的二十大精神和习近平新时代中国特色社会主义思想为指导,全面贯彻全国、全省、全区教育大会精神,加强党对教育工作的全面领导。以"培育和践行社会主义核心价值观"为目标,开展"党史、国史、改革开放史"和"习近平新时代中国特色社会主义思想"为主要内容的文明实践活动,遵循教师发展规律,发挥党员模范引领作用,增强全体教师争做"四有"情怀的社会主义建设者,自觉落实立德树人根本任务。

二、实践意义

本课题对于义务教育阶段中小学校从事党团队一体化建设在课程体系、工作路线上具有一定的借鉴意义,其评价结果能对政府决策机构提供材料借鉴。遵循教育规律、学生成长规律,通过"节日课程、仪式课程、影视课程、志愿服务",发挥团员、少先队员模范带头作用,培养新时代具有爱国情怀的建设者和接班人。

第三节 研究假设

通过论证,课题组将假设确立为:作为九年一贯制学校,对学校开展党团队活动形式来说,尽管每所学校的策略各有侧重,但每一部分的工作互相连接。一体化建设有助于实现整体作用大于局部作用之和的效果,同时每一部分在一体化组织形式下开展活动也是相辅相成,互为补充的。在党、团、队三个组织不同形式的活动中,可以融合思路、方法、措施,使组织体系建设趋于理性化,具有针对性,九年一贯制学校师生的思想道德建设,需要实现个性化、本土化、序列化。党团队一体化建设的策略是农村小规模学校集中精力,突出优势,凝练特色的现实需要,同时党团队一体化建设是接续培养新时代中国特色社会主义建设者和接班人的必要条件。本课题预计产生党团队一体化建设论文、专著及"红心研习"精品课程等一系列文本资料,能够较好地说明课题研究的理论成果。

第四节 核心概念

一、九年一贯制

实行中学和小学一体化的教育，在我们学校现行体制下，小学毕业的学生可直接升入本校初中，原则上不允许在"小升初"的时候择校流动。因此，在我们学校中，各年级通常被称为一年级、二年级……八年级、九年级。本课题研究的是在这九年中，保持连贯性，不间断、不选拔，连续性培养学生；施行统一的学校行政、教育、教学管理，学校党建、团建、少先队建设统一管理。

二、党团队

党团队是学校教师党支部、中学高年级团支部、中小学少先队的简称。"少先队"是少年儿童（6周岁—14周岁）学习共产主义的地方，在我们学校指的是小学部1-5年级和中学部6-7年级。共青团是广大青年（14周岁—28周岁）学习和实践中国特色社会主义和共产主义的地方。本研究指的是部分刚分配到我校的青年教师和8-9年级组成的团支部。中国共产党是中国工人阶级的先锋队，同时是中国人民和中华民族的先锋队，是中国特色社会主义事业的领导核心，在本课题中，中国共产党党员的组织指的是学校教师党支部。

三、党团队一体化

在《现代汉语词典》里对"一体化"一词的解释十分明确，就是指"多个原来相互独立的能够具有权利的个人，通过某种方式在同一体系下实行组织生活，彼此包容，相互合作"。就教育系统的党团队一体化而言，指的是在维持党、团、队独立性前提下的相互沟通与联系，以保证整个党团队体系的系统性与连续性，各教育阶段在培养目标、教学内容、教育制度等方面相互渗透与承接构成一个有机结合的整体。所以本研究中，党团队一体化就是指教师党支部、师生共青团、少先队的一体。而我们提出的一体化建设是"创立党团队一体化新事业，增加党团队一体化新设施，充实党团队一体化新精神"之意。

第二章

国内外党团队一体化建设的研究概述

为了让研究真正地走向深处，落到实处，课题组对习近平总书记关于一体化建设和思政政治工作的重要论述、马克思关于人的全面发展理论、认知发展理论和身心发展规律理论进行了深入的研读，同时，对国内外的相关研究成果进行了细致的梳理，开阔研究视野，发现现有研究存在的不足，并总结和整合不同研究方法，为政策实践提供必要根据。

第一节　理论基础

一、核心理论基础

习近平关于一体化建设的重要论述。习近平总书记历来重视学校思想政治工作的开展，2019年指出："在大中小学循序渐进、螺旋上升地开展思想政治工作非常必要，它是培养一代又一代社会主义建设者和接班人的重要保证。推进一体化建设，要坚持'培养什么样的人，怎样培养人，为谁培养人'的基本原则，建立系统思维，打破学段分割，处理好整个思想政治体系与学段教育规律之间的关系。"

习近平关于思想政治工作三大规律的重要论述。习近平总书记在全国高校思想政治工作会议上发表讲话时提出："做好高校思想政治工作，要遵循思想政治工作规律，遵循教书育人规律，遵循学生成长发展规律。"有助于解决学生的思想、观点和立场问题，提高学生的意识，培养学生坚定支持党的领导，支持党的路线、方针、政策，这是党团队一体化建设的理论基础。

马克思关于人的全面发展理论。促进人的全面发展是现代教育的共同追求，人的全面成长是我们党团队一体化建设的目标。党团队一体化必须汲取马克思主义的全面发展理论的精华，并随着时代和社会的发展不断创新，与时俱进，为促进青年人的全面成长奠定良好的精神基础。马克思在批判继承前人关于人的发展的成就的基础上，立足历史发展和时代现实，对人的自由全面发展做了全面的阐释。马克思认为，人的全面发展是人的体力和智力的全面、自由、和谐发展。首先，从需要出发，人类最本质的需要是生存，所以党团队一体化建设的首要目的是引导个人学习生存技能；其次，马克思认为人的个性是个人在特定历史条件和社会环境下形成的心理和行为，个人的独特性决定了人与人之间的差异。

认知发展理论与身心发展规律理论。教师和学生的思想道德建设必须符合学生的认知发展，遵循身心发展的规律。"一个人的身心发展是指从出生、成熟、衰老到死亡的整个生命过程中发生的一系列生理和心理变化"。如何引导一个人的身心发展产生积极进步的变化，正确应对消极衰退的变化，必须遵循个体身心发展的规律。人类的认知发展和身心发展有两个特点，即整体性和阶段性。在个体成长过程中，不同年龄段个体的身心发展具有不同的特点。然而，人的发展是一个整体，所以我们不能把每个阶段的发展分开。早期教育将对个人的后期发展产生重大影响。我们可以看到人类身心发展过程的复杂性，因此我们应该遵循人类身心发展的规律，在不同阶段对个体进行不同的思想政治教育，把握个体发展的系统性。

二、2A 典型理论部分（如表 1-1 所示）

表 1-1

理论范畴	典型观点	提出者	观点来源
衔接模式	"1+1+N"：一个党支部内的党员老师＋一个党团共建辅导员＋N 个青年教师入党积极分子，探讨党团共进、共建班级管理模式。	周慧云	《"1+1+N" 党团共建班级管理模式的探讨》
	团、队组织上的衔接期：延长队龄，在"少年团校"里发展"预备团员"。	倪新明	《延长队龄 团队衔接——少先队组织体制改革的探讨》
	学校共青团与少先队一体化分层教育：设置科学合理的教育内容，探求有效的管理方式，完善保障系统建设。	黄学超	《初探构建学校团队一体化分层教育体系实践的途径》
	号召少先队与党、团的组织、成员、活动手拉手，构建党组织关心活动、团组织协调活动、队组织参与活动的一体化活动模式。	孙庭标	《深化"党团队手拉手"载体建设助力少年儿童融入"十三五"》
建设目标	加强新生入学教育——规范教育，在服务、帮扶中培养学生爱心——党恩教育，开展丰富多彩的校园活动——活动育人，在社会实践中增强责任意识——人格教育。	杜光荣	《党团文化育人新模式探索》
	团队一体化：全体少先队员、全部过程一体化，团队工作与活动一体化，共青团与少先队一体化，团队领导一体化，校队、班队一体化。	上海团市委少年部	《以少先队仪式教育为载体 扎实推进初中团队一体化建设》
	汇聚少先队、共产主义青年团和青年团校、党校的教育力量，深化革命文化教育、爱国主义教育、中华优秀传统文化教育、社会主义教育，构筑初级中学到高级中学一体化团建的教育机制。	徐晶晶，金琪	《西南位育中学学生青年党校：构筑党团队一体化的学生理想信念教育》

理论范畴	典型观点	提出者	观点来源
建设内容	"4453"：开发自上而下的少先队大队、红领巾小社团、校外志愿者等先进队爱党课程，把握队员成长、队员组织生活、少先队的活动、队员的思想意识等4个辅导环节，拓展童谣传唱、学习队课计分、网格化管理、线上课程和互动体验等5种教育路径。	张悦	《县（区）级少先队组织爱党教育"4453"模式初探》
	团队组织所展开的工作：上级团委、少工委重点安排的内容；结合本地、本校实际，创造性的工作。	中国青少年研究中心	《初中共青团、少先队工作及团队衔接研究报告》
	抓好团队组织建设工作，强化共建的运作制度；完善组织制度建设工作，密切共建的衔接制度；加强组织思想建设工作，形成共建的活动制度；搞好组织作风建设工作，奠定共建的保障制度。	孙红艳	《高校学生党团共建运行机制探讨》
衔接载体	无锡市梁溪区组织辖区学校的团委、团支部推进学校共青团建设的改革任务，实施"积分入团"制度，列出了"五大体系十字方针"开展活动，切实加强了少先队与团队衔接工作。	黄斐、沈瑜	《实施"积分入团"推进"团队一体化"》
	上海市宝山实验学校以团前教育课为载体，无缝衔接团队组织意识教育；以"彩色成长记忆"少先队仪式教育为载体，增强初中队员的光荣感和组织归属感。	邵若莹	《以少先队仪式教育为载体 扎实推进初中团队一体化建设》
	建立在学校当地的特色文化基础上的地方特色、当地传统文化、学校的整体教育规划与学生学习需求的基础之上的，包括《革命烈士记心间》课程、《红色记忆》课程、《金沙县历史》课程、《革命纪念遗址遗迹》课程、《革命歌曲传唱》课程、《研学旅行教学》课程等。	毛永健	《植根红色精神 塑造红色人生——金沙一中校本课程建设扫描》

第二节 相关研究成果

因本研究的主要研究对象为少先队、共青团、党支部,而在国外并没有这三个组织,所以文献综述部分大部分为国内有关少先队、共青团与党支部的研究现状。国外文献我们以"政党组织建设""学生组织建设""学校思想道德教育"为关键词进行检索研究。

一、国外相关研究学术史梳理及综述

(一)政党组织建设

美国:现代国家政治制度得以良好运行,其中的推动者就是政党。政治制度的优越性取决于政党关系结构。研究美国政党的组织结构、框架体系、运行机制和党派关系,分析美国政党运行的优势与劣势,能对扩大党内民主、增强基层党组织的自主权和活力等方面带来启示。

法国:法国资本主义革命较早,是最早产生资产阶级政党的国家之一。其政党制度经历了由两极分化的多党制向适度多党制的转变,形成了左右翼的政治格局。根据多党联盟的特点,法国执政党不断调整其社会基础,创建符合国情的政权,制定符合民意的公共政策,不断扩大党内民主,执政党要继续扩大和巩固治理的社会基础,提高政策的包容性,加强对自身权力的监督。

日本:1993年日本政党"55年制"崩溃后,现在正处于转型过程中。在选举制度的影响下,日本政党制度出现了新的"一党优势"制度:政党同质化导致政治普遍保守,自民党整合能力下降;自民党作为垄断资产阶级利益代表的性质日益明显;与民主党相比,自民党正显示出更强的自主创新能力和政策导向。

俄罗斯:《俄罗斯国家杜马代表选举法》规定,国家杜马代表选举制度应从只有政党参加选举的比例制恢复,然后恢复为多数比例混合制。国家杜马代表选举制度不仅是政党制,而且是混合多数比例制。体制方面,2006年元旦,普京政府签署了《关于联邦主体立法机关和执行机关组织总原则》修正案,这一修正案指出,联邦议会主体选举中,获胜的政党才有权利提

出联邦主体行政长官候选人，此举巩固了党的核心地位，提高了政党在地方选举中的作用。

越南、朝鲜、古巴：无产阶级革命事业的建设表明，思想政治教育是其中的重要组成部分。通过思想政治教育，无产阶级政党完成了提高人们对世界的认识和改造能力的提升，目的是培养社会主义建设者和接班人。在组织建设方面，进一步扩大党要管党的建设范围，加强基层组织建设，扩大党的执政基础。在作风建设方面，坚持群众路线，树立贴近群众的形象，加大反腐力度，缓和党群关系。通过加强党的组织建设，增强了党的执政能力，改善了党建的思路。

（二）学生组织建设

美国：美国高校学生组织发展较早，其特点可以总结为：管理任务——促进学习、管理体制——法制化强、组织结构——基层管理、管理模式——学生自治等特点。美国以"个人主义"为价值取向，重视学生个体的发展，学生服务以学生发展理论为指导，强调满足和服务不同的人才、不同的需求、不同的目的，管理理念存在差异，中美两国的管理目标和管理制度不同。在国外，学生社团不仅历史悠久，而且涉及的范畴行业极其广泛，学生在其中承担着许多社会责任。从后来成长起来的社团中看，美国学生社团在维护社会稳定、促进社会发展方面发挥着重要作用。许多外国精英，如尼克松、肯尼迪、克林顿、布什等，都曾是学生社团中有影响力的人物。

澳大利亚：澳大利亚高校学生社团的建设理念和发展路径是以学生组织的自我管理和资助为基础，遵循平等、自治和沟通三大原则。学生社团的发展呈现出多元化的特点。学会自我约束是关键，学会自身财务管理的规范化是学会健康发展的保证。

德国：德国学生自我管理能力的培养主要在于管理者的工作理念、运行机制、角色定位和职业归属，以及学生组织的自主管理模式。主要表现在学生管理的自我调节、个人知识管理与潜能开发、个人时间管理、自我人际关系管理与网络生存管理、个人职业生涯规划与管理等五个方面。

（三）思政教育

日本：日本在学校中开设了多种形式的思想政治教育课程，切实加强思想政治教育，鼓励学生走向学校行政部门，参与管理学校事务，走出校园，自主组织参与社会事务，培养学生的政治能力。同时，引导学生参与重大节庆志愿者活动，培养学生的公民意识，把思想政治教育的过程落实到与国民生活息息相关的具体事情中，取得了良好的效果。

美国：美国利用各种植物博物馆、展厅、科技展览、文化艺术等社会设施，形成政治、思想道德熏陶的社会环境。美国非常重视利用各种社会设施开展教育活动。美国思想政治教育的特点是有效性、渗透性和隐蔽性。美国非常重视学校、家庭、社区和国家在教育方面的共同努力。注重教育环境和课外实践活动对学生思想的影响。采用高标准的教师理念，灵活的教学方法和手段来引导学生的思想，真正有利于提高学生的整体思想道德水平和思维能力。

法国：法国最早创立了现代公民教育，将公民道德教育课程作为学校课程的名称贯穿于学校教育的始终。法国在学校里开设了各种思想政治教育相关的课程，鼓励学生组织社团、组织学生基层自治组织，参与管理校务，培养政治能力。同时，引导大学生参与校外志愿服务和暑期社会实践，参与环保志愿服务，培养公民意识。法国大学的思想政治教育从理论和实践两个层面进行，思想政治教育的目的内化为大学生的基本价值观。

俄罗斯：俄罗斯思想政治教育的特点十分鲜明，教育从儿童做起，大力支持开展家庭教育，重视大众传媒、现代媒体的特殊引领作用，以宗教为教育对象，不断加强各类青年组织建设；重视家校合作，完善学校的思想政治教育体系；不断促进学校思想政治教育实践的多样化进程；营造良好的思想教育氛围，以及物质文化和制度文化环境。

综述：外国政党的研究发现，资本主义国家执政党不断调整其社会基础，建立符合国情的党建制度，制定符合民意的公共政策，扩大党建工作的范围，执政党不断扩大和巩固执政的社会基础，提高党建带动政治发展的力度，加强对自身权力的监督。通过完善和系统的培训机构，社会主义国家不断加强党员思想教育，进一步扩大党的政治建设，加强基层组织建设，扩大党的执政基础，坚持群众路线，树立贴近群众的形象；加强反腐倡廉建设，大力推进党的廉政建设，缓和党群关系。通过加强自身建设尤其是思想建设，增强了党的执政能力，巩固了党的执政地位。对国外学生组织的研究发现：国外重视学生个体的发展，学生的管理指导工作，以学生发展理论为指导，强调满足和服务不同层面、不同需求、不同发展目的的学生。在管理理念上存在差异，社团在国外的历史悠久，种类繁多，承担着许多社会责任，在维护社会稳定、促进社会发展中发挥着重要作用。学生社团的发展具有多元化的特点。对思想政治教育的研究发现，国外开设了多种形式的思想政治教育课程，鼓励学生组织社团，管理学校事务，培养学生的政治能力。我们高度重视利用各种社会设施开展教育活动，重视学校、家庭、社区和国家在教育方面所共同付出的努力。把公民道德教育课程作为学校课程的名称贯穿于学校教育的始终。引导大学生参与校外志愿服务和暑期社会实践，参与环保志愿服务。不断加强各类青年组织建设，促进思想政治教育途径和载体的多样化。

二、国内相关研究学术史梳理及综述

以"党团队一体化"为篇名关键词，在中国知网中检索的文献资料有83篇，但绝大多数为高校教师团队与党建工作，仅有一篇为《西南位育中学学生青年党校：构筑党团队一体化的学生理想信念教育》。有关少先队与共青团一体化建设的文献资料约有41篇；关于少年团校的资料有2篇；关于优化团队衔接的资料有4篇；有关团队组织意识衔接的资料有4篇；有关团队衔接重要性的文献有2篇。

因研究初中少先队共青团衔接的文献较少，为了更准确有效地把握团队衔接这一主题的研究现状，又以"团队一体化"为篇名在中国知网进行检索，共检索到87篇，其中有关少先队和共青团一体化的有46篇左右。以下是对检索到的研究成果进行的梳理。现有的研究主要涉及三方面，一是关于党团队一体化建设现状的研究；二是关于党团队一体化建设的研究，包括内容、载体以及策略；三是关于新时代新形势下党团队一体化建设的研究。

第二章 国内外党团队一体化建设的研究概述

（一）关于党团队工作现状的研究

从20世纪70年代开始，团队建设进入研究界视野。在《初中共青团、少先队工作及团队衔接研究报告》一书中指出，很多学校基本的团日活动、团课、队日活动被取消，班会、团会、队会混为一谈。中国青少年研究中心对全国1600多名辅导员的调查表明，每星期开展团队活动课在小学较为普遍（占70%以上），初中仅占50%左右，而没有安排少先队活动课的初中超过35%。另一方面，大多数初中共青团、少先队组织没有固定的活动经费，而向家长收费又不可行，抑制了活动的开展（如图2-1所示）。

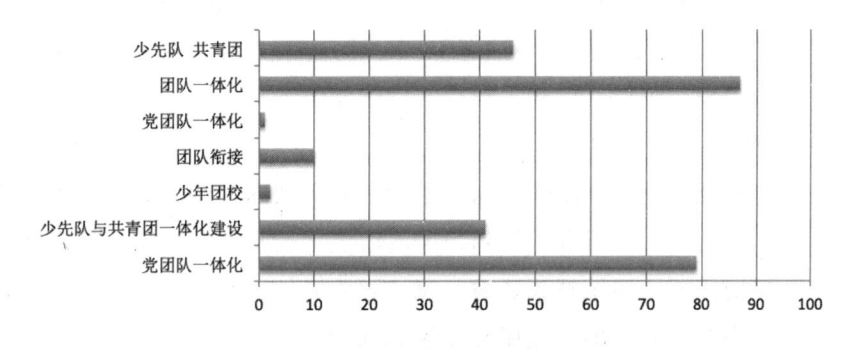

图2-1 中国知网文献检索统计表

据调查问卷显示，党团队活动内容、组织形式、师生的收获等方面有待提高；在党团队共建活动中，身体力行的活动较少，知晓率低；学生对入团、入党的积极性有待提高。结合新时代中国特色社会主义思想任务，学生有必要在党团队共建中端正思想，明确志向。

（二）关于党团队一体化建设的研究

关于党团队一体化建设目标与内容的研究。此类研究开始于20世纪70年代初，张悦提出"4453"模式：即开发自上而下的少先队大队、红领巾小社团、校外志愿者等少先队爱党课程，把握队员成长、队员组织生活、少先队的活动、队员的思想意识等4个辅导环节，拓展童谣传唱、学习队课计分、网格化管理、线上课程和互动体验等5种教育路径。杜光荣提出："加强新生入学教育——规范教育，在服务、帮扶中培养学生爱心——党恩教育，开展丰富多彩的校园活动——活动育人，在社会实践中增强责任意识——

人格教育。"徐晶晶提出："汇聚少先队、共产主义青年团和青年团校、党校的教育力量，深化革命文化教育、爱国主义教育、中华优秀传统文化教育、社会主义教育，构筑初级中学到高级中学一体化团建的教育机制。"

关于初中团队衔接模式的研究。进入20世纪80年代，陈建强提出初中团队衔接在时间上大致存在着两种不同的模式："单线分段划一型"衔接和"团队互依交叉型"衔接。周慧云提出"1+1+N"：一个党支部内的党员老师＋一个党团共建辅导员＋N个青年教师入党积极分子，探讨党团共进、共建班级管理模式。倪新明提出：团、队组织上的衔接应有一个衔接期，主要可以延长队龄，在"少年团校"里发展"预备团员"。孙庭标在《深化"党团队手拉手"载体建设助力少年儿童融入"十三五"》中提出：号召少先队与党、团的组织、成员、活动手拉手，构建党组织关心活动、团组织协调活动、队组织参与活动的一体化活动模式。

关于初中团队衔接载体的研究。20世纪80年代末，学术界开始关注其载体研究。邵若莹在其研究中提道：上海市宝山实验学校以团前教育课为载体，无缝衔接团队组织意识教育；以"彩色成长记忆"少先队仪式教育为载体，增强初中队员的光荣感和组织归属感。在《初中共青团、少先队工作及团队衔接研究报告》一书中，论述了少年团校是团队衔接的最佳路径与载体。以"参观寻访—操作体验—邀约访谈"为流程，通过"看一看、做一做、问一问、想一想"等形式实施"好少年成长计划"。关于党团队课程载体的研究，毛永健提出："建立在学校当地的特色文化基础上的地方特色、当地传统文化、学校的整体教育规划与学生学习需求的基础之上的，包括革命烈士记心间、红色记忆、金沙县历史、革命纪念遗址遗迹、革命歌曲传唱、研学旅行教学等课程。"

关于团队工作长效机制的研究。世纪之交，党团队建设的长效机制初具。在《初中共青团、少先队工作及团队衔接研究报告》一书中，调研组通过调查发现：团队组织所开展的工作，局限于上级团委、少工委重点安排的几项内容，很少结合本地、本校实际，创造性地开展工作。

关于初中少先队与共青团一体化的研究。近几年，"一体化"思路在北京、上海、扬州等地逐渐推广。上海团市委少年部认为，团队一体化为："全体少先队员、全部过程一体化，团队工作与活动一体化，共青团与少先队一体化，团队领导一体化，校队、班队一体化。"扬州团市委书记佘俊臣认为，团队一体化分为五个方面：一是初中少先队全员全程一体化，二是团队组织建设一体化，三是团队教育活动一体化，四是团队领导一体化，五是校（班）队工作一体化。

关于团队一体化分层教育的研究。最近，学术界对"一体化"建设持有审慎态度。黄学超认为，学校共青团与少先队一体化分层教育的途径主要有：设置科学合理的教育内容；探求有效的管理方式；完善保障系统建设。赵靖茹则认为，要构建学校团队一体化分层教育，就应该根据不同年龄阶段青少年的知识结构和身心发展规律创建校本课程，组织适合学生特点和学校特色的少先队与共青团教育活动和教育内容。

（三）关于新时代新形势下党团队一体化建设的研究

党的十八大以来，尤其是自从新时代中国特色社会主义思想提出以来，党建与团队建设的结合就备受瞩目，《论习近平党建思想的科学体系》认为："十八大以来，习近平总书记站在新的历史起点上，结合国际国内局势，提出了新形势下加强和改进党的建设的一系列新观点、新思路和新方法。系统梳理习近平总书记有关的党建、团建思想，对于全面加强和改进党团队一体化建设具有重要的理论和现实意义。"培养和践行社会主义核心价值观的需要，使得党建活动成为用马克思主义牢牢占领学校党团队建设这块阵地的重要举措，《将社会主义核心价值观教育融入学生党建》一文提出，将社会主义核心价值观教育全过程融入高校学生党建工作之中，对于培养中国特色社会主义事业合格的接班人具有重要的战略意义。而在网络爆炸、自媒体盛行、信息便捷泛滥的新形势下，党团队一体化建设又面临新的困境，为此《网络环境下高校学生党建工作面临的问题及对策探析》认为，网络环境下，学校的党团建设面临更加复杂更加严峻的形势和任务。高校从事党建工作的负责人要尽快适应新环境、转变旧思维，切实加强舆论引导，进一步用好微信、短视频、微博等新载体，推动新时代党建工作的良性发展。

（四）研究综述

现有研究基本上形成了党团（高校）共建、团队（基础教育）共建一体化的思路，其目标渐趋明确，其内容相对完备，其载体相对充实，也有的地区或学校关注到了长效机制与分层教育机制，对本课题的研究大有裨益。其主要观点可以概括为：(1)党团队一体化建设的目标与内容是：思想教育的一体化；组织建设的一体化；群众发动的一体化；干部培养的一体化。(2)团队衔接有三种模式：提前式；迟到式；水到渠成式；也有提出不衔接的分层教育。(3)关于党团队一体化的载体目前以课程形式存在居多。

然而现有研究有如下几点不足：首先是欠缺九年一贯制党团队联动的机制探索，各自为政；二是课程育人重于活动育人的过程偏颇，学生参与热情低下；三是校内外综合基地与研学并行的构建笼统，活动内容单一；四是结合新时代、新思想的措施相对较少。关于微信自媒体平台在党团队工作中的运用，目前停留在理论阶段，因此，积极构建"微党建""微团建""微队建"平台，在操作中还需实际探索。

因此我们将课题研究的方向确定为：如何建设"三有三引"党团队一体化活动组织，全面绘制"红心传承"党团队一体化红色阵地版图，怎样打造"红心研习"党团队一体化精品课程、开辟"红心践行"党团队一体化工作路线，如何构建"三有三引"党团队一体化评价机制。

第三章

构筑党团队一体化阶梯式育人新模式

根据我校九年一贯制的实际情况，结合现有文献研究和问卷分析，课题组确定了研究目标、研究内容和研究重点，为党团队一体化建设点名了清晰明确的实施路径。

第一节 研究设计

一、研究目标

通过建设"三有三引"党团队一体化活动组织、保障机制、评价机制，形成完善的爱国铸魂育人工作机制；通过绘制"红心传承"阵地版图、打造"红心研习"精品课程、"红心践行"工作路线，开展红色实践活动，形成培植学生爱国情感、自觉培育和践行社会主义核心价值观的一体化模式；通过党团队一体化建设，争创先锋党支部、优秀团支部、少先队，培育一批有理想信念的党员、团员、少先队员。

二、研究内容

（一）建设"三有三引"党团队一体化活动组织

"三有"指有组织、有担当、有作为。"有组织"指关键时刻有党、团、队，"有担当"指困难面前有党、团、队，"有作为"指创先争优有党、团、队。

"三引"指思想引领、模范引升、活动引路。思想引领是指红色文化与传承，模范引升是指榜样带头与辐射，活动引路是指文明实践与服务。

（二）绘制"红心传承"党团队一体化红色阵地版图

设计适合学校的党、团、队的实践教育活动阶梯体系和更能适合"红心传承"体验的实践教育活动课程。一是建设校内"红心传承"活动阵地，二是建设校外"红心传承"活动阵地。

（三）打造"红心研习"党团队一体化精品课程

将"三有三引"党团队一体化建设与《山东省中小学德育课程一体化实施指导纲要》相融合，打造"红心研习"党团队一体化精品课程：一是结合道德与法治、品德与社会等德育课程打造红色德育课程；二是结合语文、美术、音乐、历史、地理等学科课程打造红色学科课程；三是结合国史、党史课程，挖掘红色革命传统，坚定理想政治信念，打造红色信念课程；四是融合实践教育，重点结合劳动实践、研学旅行，打造红色实践课程。

（四）开辟"红心践行"党团队一体化工作路线

重点开辟"红色践行""五路并行"的工作路线。一路：建立党团队一体化"样板"组织生活；二路：完善党团队先锋模范"带头"工作机制；三路：架构仪式教育活动"党团队"三级引领框架；四路：健全节日主题教育"党团队"组织模式；五路：建设行为习惯养成与师德师风教育的"党团队"管理体系。

（五）健全"三有三引"党团队一体化保障机制

实行调研制、例会制、协议制、学分制等多措并举，健全党、团、队共同参与"三有三引"联席会议制度，实现组织保障、机制保障、安全保障、经费保障等"四方"保障机制。

（六）构建"三有三引"党团队一体化评价机制

探索建立"思想评价""活动评价"和"作为评价"三线并行的评价

机制。

三、总体框架（如图3-1所示）

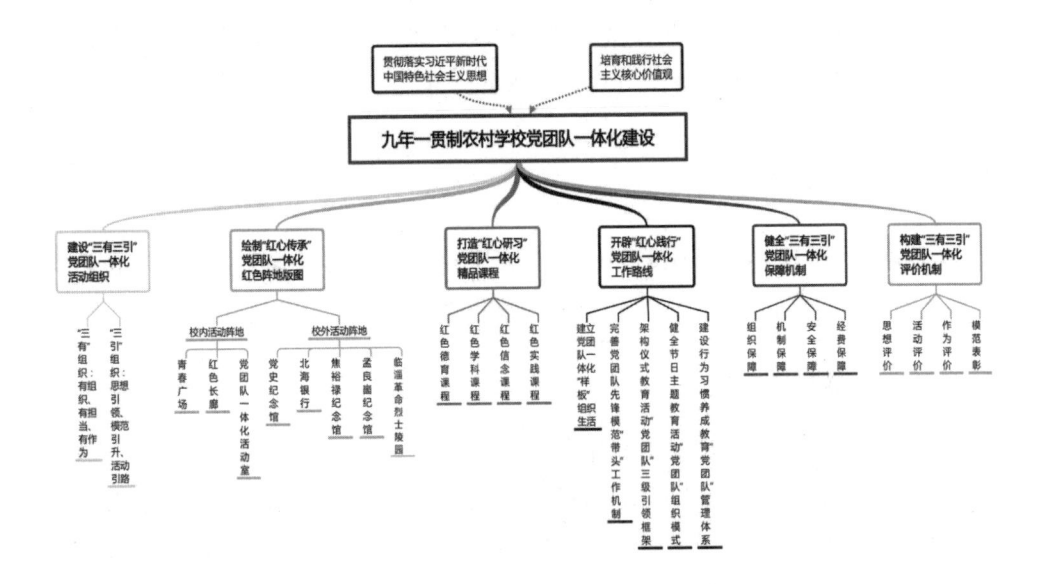

图3-1　九年一贯制农村学校党团队一体化建设

四、研究重难点

根据我校九年一贯制的实际情况，结合现有文献研究和问卷分析，解决目前党建、团建、队建工作的离散状态，探究序列化的少先队员、共青团员、教师党员培养模式，探索"党团一体化的育人工作机制、实践活动体系、校本课程开发以及理论体系"，引导全体教师树立"四个自信"，自觉投入贯彻党的教育方针、落实立德树人根本任务中来，积极培育社会主义接班人；引导全体学生增强中国特色社会主义"四个自信"，增强爱国情怀，形成党团队建设工作互相促进，协同并进的局面。

因此，党团队一体化研究中运用的工作机制、工作模式、课程建设是本研究的重点；关于党团队一体化的理论体系是本课题研究的难点。

第二节　研究对象及研究方法

一、研究对象

全体党员教师及团支部团员教师；小学部全体少先队员及其余各年级班干部；初中部全体共青团员和少先队员。

二、研究方法

我们尝试建立党团队的一体化教育平台，努力实现党、团、队三位一体教育，努力强化其互动性、层次性、连贯性，凸显其操作规范化与系列化。

（一）文献研究法

把握习近平总书记对教育工作"培养什么人、怎样培养人、为谁培养人"这一根本问题的深谋远虑和高瞻远瞩，收集相关党、团、队等理论知识，查阅十八大以来的上级文件、讲话精神，学习习近平新时代中国特色社会主义思想，培育和践行社会主义核心价值观，准确把握党团队一体化建设的政治思想方向。

（二）案例研究法

将"三有三引"党团队一体化建设与《山东省中小学德育课程一体化实施指导纲要》相融合，开发"红心研习"党团队一体化精品课程，通过课程开发获取可研究的案例，为课题的研究提供理论支撑。

（三）行动研究法

在总体计划的指导下，重点开辟"红色践行""五路并行"的工作路线，落实具体计划。通过结果反馈来验证设想和计划是否可行、是否有效、是否需要进一步修改或调整，在修改的基础上再进行第二步的具体计划和行动。在全部研究完成之后，对整个研究工作做出总结，并对研究成果进行评价。

(四)经验总结法

总结适合学校的党、团、队的实践教育活动阶梯体系和更能适合"红心传承"体验的实践教育活动。如建设校内"红心传承"活动阵地,建设"精和引领,红色育人"阵地活动课程;建设校外"红心传承"活动阵地:党史纪念馆、北海银行、革命烈士陵园,临淄区外的焦裕禄纪念馆、孟良崮纪念馆等。在文明实践中不断完善研究,提炼观点,为课题的结题与推广寻找依据与支撑。

第三节 技术路线

本研究从学校党支部、共青团、少先队建设的基础性战略地位入手,在"三有三引,打造党团队一体化特色建设"的理论指引之下,立足我校九年一贯制农村学校实际,采用理论研究、实践探究的方法,构建从小学、中学的团队分层思想教育体系,一体化推进学校团队建设,然后,根据教师、学生思想教育工作实际构建党、团、队教育体系,规划并明确党、团、队建设的内容和方法,增强党、团、队建设的有效性和针对性,再次,充分发挥党建带团建、团建带队建的优势,发挥先进典型的示范带动作用,最后实现少先队员—共青团员—共产党员的连续性培养(如图3-2所示)。

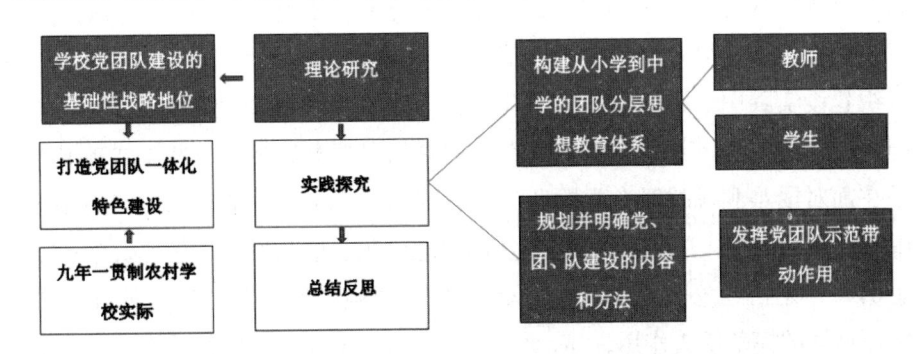

图3-2 实现少先队员—共青团员—共产党员的连续性培养

第四章

建设"三有三引"党团队一体化活动组织

习近平总书记在全国教育大会上强调:"思想政治工作是学校各项工作的生命线,各级党委、各级教育主管部门、学校党组织都必须紧紧抓在手上。"为认真贯彻落实习近平总书记讲话精神,根据区委组织部、团区委联合印发《关于加强新形势下基层党建带团建工作的实施意见》(临组发〔2018〕58号)和《中共临淄区委教育工作委员会2019党建工作要点》文件精神,结合我校九年一贯制学生实际情况,充分发挥党建带团建、团建带队建的优势,实现少先队员—共青团员—共产党员的连续性培养,经学校党支部、校委会多方论证,立志打造"三有三引"党团队一体化活动组织。

为了在习近平中国特色社会主义思想、核心价值观、十九大精神、二十大精神等指导思想的引领之下,保证农村学校的整体发展效果,实现真正意义的党团队一体化目标,首先必须在活动组织方面进行建设。本研究在组织建设实践中,始终坚持"三有三引"原则,"三有"指的是有组织、有担当和有作为。"有组织"指的是在关键时刻有党团队的广大成员;"有担当"是在面对困难和挑战时有党团队的广大成员;"有作为"是指在创先争优当中有党团队的广大成员。"三引"强调思想引领、模范引升、活动引路,"思想引领"是指红色文化学习和传承发扬,"模范引升"是指发挥榜样力量,体现榜样的模范带头作用,"活动引路"是指组织开展各种各样的文明实践、志愿服务等活动。在活动组织建设当中,本研究在实践中始终把"三有三引"作为指导思想以及根本原则,并着重在领导班子建设、党团队成员管理组织运行、制度建设等方面加大力度,保证组织建设的质量。

第一节 形成"三有三引"党团队一体化工作品牌

一、品牌名称

"三有三引"党团队一体化品牌

二、品牌标识：(如图4-1所示)

图4-1 三有三引，打造党团队一体化标志

三、标识诠释

品牌标识的主体图案是一只展翅飞翔的和平鸽。翅膀是略加变化的党旗，意为高举党的大旗迎风飞翔，紧密团结在党中央周围，党指导团，团依靠党，党团有效衔接，在社会主义核心价值观的引领下正道前行。旁边弧线是"三"的变化，像三面旗子，体现"三有三引"主题，表明九年一贯制农村学校人持久深入推进党团队一体化品牌建设的决心。三面党旗呈"H"形，是"和"的首字母，整个标识外围呈圆形，成蓝色，是"精"的主色调，这样，在突出品牌特色的同时，巧妙地显示学校"精和"文化。标识中间呈红色，则自然地象征着正义热情、生机和希望。整个品牌标识的

设计，既体现了九年一贯制农村学校人立足教育本色、脚踏实地做好本职工作的一面，又体现了九年一贯制农村学校人登高望远、胸怀祖国、迎风展翅、灵动多姿的一面，预示着九年一贯制农村学校教育灿烂美好的明天。

四、"三有三引"内涵

"三有"指有组织、有担当、有作为。"有组织"指关键时刻有党（团队）员，"有担当"指困难面前有党（团队）员，"有作为"指创先争优有党（团队）员；"三引"指思想引领，模范引升，活动引路。思想引领是指红色文化与传承，模范引升是指榜样带头与辐射，活动引路是指文明实践与服务。

五、"党团队一体化"内涵

通过"三有三引，党团队一体化"品牌建设，使全体党团队员树立"四个意识"，增强"四个自信"，明确自己的担当和使命，发挥党团队员的示范效应，辐射带动全体师生"精和"生长，生命精彩绽放。凝聚党员、共青团和少先队三股强大力量，形成强大核心领导力量，形成党领导团、团紧跟党，团重视队、队依靠团的良好局面，帮助师生树立正确的人生观、价值观、世界观，形成比学习、比工作、比奉献和学先进、赶先进、当先进的氛围，把红色革命火焰深植，激发党团队员对党、对团、对队的热爱，达成"提高素质、服务群众、带动提升、有效促进"的目标。

第二节 健全领导机构

全面负责和统筹协调党团队一体化的顶层设计、总体方案和实施推进，明确相关部门职能定位，理顺各级管理部门间的关系。建立以王炳锋校长为组长的领导机构，以支部委员李怀玉、主管小学部工作的杨志伟副校长为组长的党务工作小组，以张贺、陈坤为组长的团队小组。学校教导处、德育处协同配合，教导处负责校本课程的开发与实施，德育处负责志愿服务、红色岩系、三会三课三仪式等，形成行政主体实施、各部门协同配合的学校立体管理体系，构建一支求真务实、开拓创新的领导班子。同时成立党员先锋突击队、青年突击队和共青团领导下的两个志愿团体。对学校改革创新、绿色发展起模范引领，攻坚克难作用。

第三节 提升活动组织

按照"全面规范整理，提升组织活力"原则，加强基层党团队组织在班子建设、党团员管理、组织运行、作用发挥、机制保障、评价激励等方面明显得到改进，进一步增强基层组织质量建设，形成基层组织规范运行的常态化机制，促进其切实发挥政治功能、体现政治价值，对照"五个好"标准，不断增强党团队政治性、先进性和群众性。

一、支部班子好

班子齐整，按期换届，按程序选举。支部委员信念坚定、心系事业、能力突出、作风严实。支委会示范表率作用好，凝聚力战斗力强，班子分工协作，运转有序。

二、党团队员管理好

发展党团队员程序规范严格，教育、管理、监督团员经常有效，理论学习、仪式教育、党团队课活动经常开展，党团队员档案完备，组织关系转接、党团费收缴等基础工作规范开展。

三、活动开展好

围绕志愿服务、济困助学、岗位建功、实践教育等领域，形成至少1项经常性品牌工作，创建"一团一品、一对一特色"，开展生动活泼的主题党团队日活动，各项工作参与率高。

四、制度落实好

规范落实了"三会三课三仪式",组织生活严肃认真、规范开展。充分发挥学校党团队在惠及学生终身发展、服务教师专业成长、促进教育科学发展方面发挥战斗堡垒和先锋模范作用,全面提升党团队一体化建设的科学化水平。

五、作用发挥好

积极落实"推优入党、荐优入团、择优入队"制度,扎实做好激励关怀帮扶工作。紧紧围绕组织需要、党团队员欢迎、教师学生满意,常态化开展"学习近平总书记讲话·做时代新人"教育实践,党团队员对组织评价较高。

通过形成党团队一体化工作机制。建立以王炳锋校长为组长的组织机构,以李怀玉副书记为组长的党务工作领导小组,以陈新燕主任为组长的团队领导小组。学校教导处、德育处协同配合,教导处负责校本课程的开发与实施,德育处负责志愿服务、红色岩系、三会三课三仪式等,形成行政主体实施、各部门协同配合的学校立体管理体系,构建了一支求真务实、开拓创新的领导班子。成立的党员先锋突击队、青年突击队和共青团领导下的两个志愿团体,对学校改革创新、绿色发展起到了模范引领、攻坚克难的作用。

在街道中心校组织的教学基本功比赛中,小学部商馨月、杨康、陈坤老师获一等奖,张蕾获二等奖;初中部郝占峰、巩俐君、杨琳荣获一等奖,张贺、崔鑫老师获二等奖,代表了我校教师较高的专业水准和职业素养。在区自主招生录取中,我校刘阳格格同学被淄博七中录取,代表了我校较高的团队协作与教学水平,为学校毕业班管理与教学提供了前进的动力。

第四节 践行实践策略

一、加强了党团队组织建设,推动共建共享

因为"三有三引"思想强调要有组织,党团队建设各项工作的实施,都需要在严密的组织协调和引导之下开展,所以加强组织建设是基础和关键,而且在组织建设当中要把党团队组织的共建共享放在重要位置。首先,在具体的组织建设环节,对组织方式进行了大力改革。党组织要对共青团以及少先队进行科学组织与指导,使其能够明确党团队组织的目标任务以及改进方向,秉持共同规划配备和建设的原则,在构建党组织并对其进行合理调整的同时,不断完善了共青团与少先队的组织建设,使得二者能够和党组织同步强化与发展。党组织在这一过程中承担了为整个团队建设提供有效指导的作用,指明了目标,搭建了平台。其次,对组织生活进行了规范。组织实施每日校园党员示范岗、每月一主题的党团队固定日活动,引导党团队的广大成员主动参与到组织学习生活当中,为组织建设贡献积极力量。在这一过程当中,为了保证规范性,积极践行了民主评议制度,定期组织了民主评议党员活动。最后,本研究在团队建设当中创新创优,根据党团队建设的实际情况,进行了组织工作方法、职责划分等动态调整,使得党团队建设与时俱进。

二、助推了党团队作风建设,坚持从严治理

由于党团队建设影响深远,建设工作非常复杂,那么要想达成建设目标,就必须要保证整个团队的良好作风,同时也积极践行"三有三引"思想,把从严治理的思想观念贯穿全过程。一是引导团员与少先队员坚定了四个自信,积极学习时代精神以及核心价值观,始终把握好时代主旋律;所有党员和师生强化了学生对党的政治情感与价值认同感,传承了红色文化与红色精神,主动为中国梦的实现贡献力量,把学生打造成为合格的接班人。二是有效构建了谈心谈话制度,及时在深度交流和双向互动当中发现问题,做到早提醒和早纠正。在谈心谈话当中,要秉持实事求是的原则,

落实以人为本,把工作做实,且长久坚持下去。三是建立了宣讲队伍,组织了宣讲活动。为了让广大党团队的成员坚持正确的行为规范,不断用正确思想方法武装头脑,形成了统一性的思想与行动,利用了多样化的宣讲方式,把工作落到实处,努力培育合格的党团队成员。其中特别值得一提的是,建立了分层分类的宣讲,把校级、年级、班级和校外宣讲活动结合起来,同时恰当利用先进信息技术手段,建立了网络宣讲模式。

三、壮大了党团队综合实力,体现模范带头

"三有三引"思想强调在实际工作当中模范引升,所以体现出党团队成员的先锋模范带头作用是非常重要的。为保证模范带头作用的充分发挥,本研究不断壮大整个团队的综合实力,提高成员的综合素质。在具体工作当中要着重把握以下三项内容:一是争创先锋。在教育教学以及校园文化建设过程当中,让党团队成员的先锋模范带头作用得到有效体现,使得他们能够人人争当先锋,争做表率,提出明确的目标以及严格的标准,通过建设稳定的头雁团队为党团队的长远发展打下基础。二是志愿服务。从实际情况出发,让党团队成员的特长得到充分体现,建立一支志愿服务队伍,组织开展一系列的志愿服务实践活动,这个服务团队可以真正为农村学校发展、农村教育教学、家长学生提供优质满意的服务,树立良好形象。三是坚持政务公开。简单来说就是把党团队的内部事务公开,确保重大决策常年公开,经常性工作事项定期公开,阶段性工作及时公开。在制定重大决策和重大工作任务时,必须积极征询党团队成员的意见和建议,使得他们能够享有充分的知情权、参与权、监督权等等。

四、组织了党团队实践活动,做到活动引路

"三有三引"思想要求活动引入,强调把党团队建设落实到具体的实践活动当中,避免党团队建设停留于表面形式而没有实际作为。所以在这一工作的落实环节,本研究把组织多样化的实践活动作为一个突破口,着眼于学校建设、教育教学以及学生的全面发展,突出党团队工作的特性。

(一)开展了红色教育阵地建设活动。在党团队建设当中,要发挥红色文化的思想引领作用,引导学生传承红色基因以及红色文化精神,就必须给学生提供一个接受红色教育的坚实阵地。具体来说,在研究过程中建设了专门的党团队活动室、建设党史广场、团队文化长廊,使得学生能够拥有一个精神提升的系列场所。

(二)开展了团队体验活动。组织共青团员和少先队员到红色根据地、党团队体验活动中心、烈士陵园、革命遗址等参与实践体验,通过其身临其境的参与受到文化熏陶。通过寻找老党员,聆听他们讲革命故事,并被他们的精神感召,积极继承革命传统。

(三)组织了主题教育。有效组织了红色文化主题教育,比如唱响红歌活动,讲红色故事活动,观看红色影视活动等等。

党团队一体化建设有助于把党员共青团与少先队这几股强有力的力量凝聚起来,构建一个核心领导力,建设党领导团、团紧跟党、团重视队、队依靠团的良好格局。在这样的大环境下,农村学校当中的教育教学工作,就可以在一个和谐稳定的环境之下开展,引领广大师生建立正确三观,在学习工作当中形成良好引领,优化校园文化建设,强化了师生对红色精神的传承意识和对党团队的热爱情感。在"三有三引"思想的引领下,本研究所在学校密切围绕党团队建设目标,采取了一系列的实践优化措施,保证了党团队建设的实效性,促进了红色文化与精神的传承,推动了先进文化的传播。

第五章

绘制"红心传承"党团队一体化红色阵地版图

在有了结构严密和协同一致的组织作为根本支撑之后，接下来就需要精心设置针对九年一贯制农村学校党团队建设的实践教育活动体系，使其能够与红心传承相适应，最终形成优质的红色阵地版图。在党团队实践教育活动阵地建设当中，本研究重点抓好了校内活动阵地以及校外活动阵地这两个方面。在校内活动阵地的建设当中秉持了红心传承的根本思想，坚持红色育人，把展示青春面貌的青春广场，纪念楷模先烈的红色广场以及能够给学生投入党团队建设提供空间支持的活动室作为建设重点。在校外活动阵地的建设当中，本研究精心筛选红色主题，在校外找寻了可以保障安全，同时又能够让学生对红色文化有深刻体验的党史纪念馆、烈士陵园等等，促进红色教育拓展延伸。

本研究根据学校实际，设计了适合学校的党、团、队的实践教育活动阶梯体系和更能适合"红心传承"体验的实践教育活动课程。一是建设了三个校内"红心传承"活动阵地：奋斗的青春最美丽"青春广场"、"心中的楷模·永远的丰碑"红色长廊、团队教育新阵地"党团队一体化活动室"，打造了"精和引领，红色育人"阵地活动课程；二是建设了校外"红心传承"活动阵地。遴选了一批红色主题鲜明、安全适宜、体验丰富的"红心传承"活动阵地，如临淄区内的党史纪念馆、北海银行、革命烈士陵园，临淄区外的焦裕禄纪念馆、孟良崮纪念馆等，其作为"红心传承"营地，推进了区域内外的"红心传承"实践教育活动课程体系建设。

第一节　建设校内"红心传承"活动阵地版图

校内建设了三个红色文化活动阵地：奋斗的青春最美丽"青春广场"、"心中的楷模，永远的丰碑"红色长廊、新时代文明实践讲堂"党团队一体化活动室"，为校内各项红色实践活动的开展提供基础保障。成为本研究开展党团队活动的主要阵地。

一、青春广场

（一）位置简介

青春广场，位于教学楼南、甬路东侧绿化区内的小广场，面积约150平方，有东、西、北三条小路通往广场，是我校开展文明实践活动的重要场所。广场内种植流苏树1棵、五角枫1棵，广场周边是高低错落有致的樱花树、松树等景观树木。树下四周是木质方凳、广场周边也有若干木质长凳。广场周边有雕塑主题宣传栏。

（二）名称出处

从"奋斗的青春最美丽"中，选取"青春"二字，结合区域用途，命名为"青春广场"。

（三）主题文化

广场周边有八块红色文化宣传栏。1.新中国历代国家领导人对青年一代的寄语。2.中国百年党史进程中涌现出来的伟大精神，如红船精神、遵义精神、井冈山精神、沂蒙精神、入庆精神等，无数人顽强奋斗、前赴后继，共同筑起了中国人的精神谱系。

（四）适用范围

1.学校党支部可以在青春广场组织多种形式的活动。如，开展主题党日活动、引领帮扶活动、社团宣讲等活动。

2.学校团总支可以在青春广场组织团员开展多种形式的活动。如，新团员入团、主题团日、共青团主题宣讲等活动以及各种形式的宣讲、学习活动。

3. 学校少先队大队委可以在青春广场组织少先队员开展各种形式的活动。如,"红色故事我来讲"活动。

4. 各个班级可以在青春广场组织开展多种形式的少先队活动。如,开展红色经典诵读、节目展演、社团活动等各种类型的团队活动和文明实践志愿服务活动。

(五) 活动形式

在这个环境优美的活动阵地中,依托校园红色节日(3月5日学雷锋纪念日、清明节、五四青年节、7月1日建党日、8月1日建军节、9月3日抗日战争胜利纪念日、9月30日烈士纪念日、国庆节、10月13日建队节、12月9日一二九运动纪念日等),作为学校开展爱国主义教育活动的节日,以红色经典为抓手,通过组织党团队课,组织读书节活动、红歌歌唱比赛、演讲比赛等活动多措并举。帮助青少年扣好人生的第一粒扣子,让广大师生生动、鲜活、深刻地学习党史知识,了解党史故事,掌握历史事实,坚定"四个自信"。

(六) 价值意义

1. 党支部层面:青春广场的红色文化,是学校"精和文化"的重要组成部分,也是红色文化与学校党建工作融通的结合点。在青春广场开展红色系列实践活动,增强学校党支部集体的凝聚力、战斗力,促进学校党建工作的落实。在实践活动中,提升党员教师个人道德修养和个人品德,自觉践行社会主义核心价值观,发挥先锋模范作用,更好地为师生发展服务,提高教育教学质量,更好地完成立德树人任务。按时完成党支部布置地对团员、少先队员、班级、特殊学生的帮扶引领任务。

2. 共青团层面:青春广场的红色文化,尤其是国家领导人对于青年一代的期望,更是对全体共青团员的一种激励和鞭策。学校团总支、班级团支部在青春广场开展红色系列实践活动,不仅能够感受红色文化的熏陶,还有机会近距离的领悟国家领导人对共青团的期望。在红色实践活动,彰显共青团员的先锋模范带头作用，自觉提升自我要求，主动践行社会主义核心价值观要求，提升自己的思想道德水平，做一名优秀的共青团员。

3. 少先队层面：红色文化对于少先队员的影响是潜移默化的，具有培根铸魂的作用。让红色教育融入学生的日常生活，走进学生的灵魂深处。学校大队委、班级中队在青春广场开展红色系列实践活动，让红色文化和精神的熏陶激励少先队先锋模范带头作用，为全校学生做好标杆榜样。

二、红色长廊

（一）阵地简介

红色长廊，是我校开展文明实践活动的场所，位于学校实验楼一楼走廊南侧墙壁，有20多块宣传栏组成，是我校进行英雄楷模人物、党史学习的主要阵地，也是我校的三大红色文化阵地之一。

（二）名称出处

为做好学校党团队一体化实践研究，增强学生爱国情感，学习自共产党成立以来的英雄模范人物，开辟红色学习阵地，建设"红色长廊"活动阵地。

（三）主题文化

在长廊墙壁上，制作20多块宣传栏，包含两个方面的内容：

1. 中国共产党百年党史介绍。中国共产党100多年的奋斗史，是矢志践行初心使命的一百多年，是筚路蓝缕奠基立业的一百多年，是创造辉煌开辟未来的一百多年。回望过往的奋斗路，眺望前方的奋进路，学校的党史文化长廊，系统地展示了中国共产党成立以来的重要发展历程，以党的全国人民代表大会为主线，以党的重要历史事件为补充，让学生能够准确把握党的历史发展的主题主线、主流本质，正确认识和科学评价党史上的重大事件、重要会议、重要人物，通过对党史文化长廊的参观学习，教育和引导学生发扬红色传统、传承红色基因，承担起民族复兴的重大使命，做新时代好少年。

2.党员、团员、少先队员英雄模范。依托"学习英雄楷模人物"活动，从革命战争年代到新时代的历程中，涌现出了许许多多优秀的中国共产党党员、儿童团员、优秀少先队员。从这些优秀的党员、团员、少先队员中选择，具有自强不息、艰苦奋斗精神的楷模人物典型代表，作为学校党员、团员、少先队员在日常生活中的学习榜样。

（四）适用范围

1.学校党支部可以在红色长廊组织多种形式的活动。如开展"学英雄人物，做合格党员"、"当旗手做标杆"、"学党史，争做优秀党员"主题党日活动、引领帮扶活动、英雄人物故事宣讲等活动。

2.学校团总支可以在红色长廊组织各种时效性强的团队活动。如新老团员开展的团前培训学习、"向英雄致敬"主题团日、"英雄故事我来讲"共青团主题宣讲等活动以及各种形式的宣讲、学习活动。

3.学校少先队大队委可以在红色长廊组织各中队、大队的小型活动。如开展"学英雄，做新时代好少年"、"红色故事我来讲"等各种形式的活动。

4.各个班级可以根据需要在红色长廊组织多种少先队活动。如红色经典诵读、节目展演、社团活动等各种类型的团队活动和文明实践志愿服务活动。

（五）活动形式

我校借助校园红色节日（3月5日学雷锋纪念日、清明节、五四青年节、7月1日建党日、8月1日建军节、9月3日抗日战争胜利纪念日、9月30日烈士纪念日、国庆节、10月13日建队节、12月9日一二九运动纪念日等），作为学校开展爱国主义教育活动的节日。借助党史长廊活动阵地，帮助党团队员学习党史，感悟思想伟力，牢记初心使命，坚定信仰信念，为实现"两个一百年"奋斗目标凝心聚力。

（六）价值意义

1.党支部层面：红色长廊宣传栏中的英雄人物、党史知识，是学校文化的重要内容，也是红色文化与学校党建工作融通的结合点。在红色长廊开展红色系列实践活动，对于增强学校党支部集体的凝聚力、战斗力，促进学校党建工作的落实有积极的作用。在"学习楷模人物，做优秀党员""当旗手做标杆"等系列实践活动中，提升党员教师个人道德修养和个人品德，自觉践行社会主义核心价值观，发挥先锋模范作用，更好地为师生发展服务，提高教育教学质量，更好地完成立德树人任务。按时完成党支部布置地对团员、少先队员、班级、特殊学生的帮扶引领任务。

2.共青团层面：红色长廊的英雄人物、党史知识等红色文化，为学生树立人生榜样，更是对全体共青团员的一种激励和鞭策。学校团总支、班级团支部在红色长廊开展红色系列学习实践活动，不仅能使学生感受红色文化的熏陶，还有机会近距离去了解英雄人物，增强学生理想信念。在"学英雄，做优秀共青团员"系列实践活动，不仅能彰显共青团员的先锋模范带头作用，还能敦促进学生自觉提升自我要求，主动践行社会主义核心价值观，积极争做一名优秀的共青团员。

3.少先队层面：英雄人物、党史知识对于少先队员的影响是潜移默化的，具有培根铸魂的作用。让英雄人物、党史知识融入学生的日常生活，走进学生的灵魂深处。学校大队委、班级中队开展红色系列实践活动，不仅能使学生感受红色文化的熏陶，还有机会近距离去了解国家的过去、现在和未来。在"学英雄，做新时代好少年"系列实践活动中，引领广大少先队员充分发挥先锋模范带头作用，树立崇高的理想信念，自觉提升自我要求，主动践行社会主义核心价值观要求，积极争当社会主义接班人。

三、党团队活动室

（一）党团队活动室阵地简介

位于学校教学楼二楼最西侧教室，也是我校新时代文明实践讲堂，是我校的三大红色文化阵地之一。名称出处：为做好学校党团队一体化实践研究，开好新时代文明实践讲堂，进一步增强党员、团员、少先队员爱国情感，开辟红色学习阵地，建设"党团队活动室"阵地。

（二）党团队活动室主题文化

走廊上的宣传栏，是对我校"三有三引，党团队一体化"工作的整体介绍。党团队活动室内的东墙上，中间是入党誓词、左侧是入团誓词、右侧是少先队口号，上面是醒目的党团队一体化标语；活动室内的南墙宣传栏是学校一年的宣讲工作安排和学校一年党团队实践活动安排；学校北墙是关于少先队、共青团、中国共产党的相关知识。

（三）适用范围

1. 学校党支部可以在党团队活动室开展多种形式的学习和培训活动。如主题党日、三会一课、廉政约谈、引领帮扶、新时代文明实践宣讲等活动；开展"学英雄人物，做合格党员""当旗手做标杆""学党史，争做优秀党员"等活动。

2. 学校团总支可以根据需要在党团队活动室组织多种形式学习和培训活动。如新老团员开展的团前培训学习、"向英雄致敬"主题团日、"英雄故事我来讲"共青团主题宣讲等活动，以及各种形式的宣讲、学习活动。

3. 学校少先队大队委可以在党团队活动室组织多种形式的少先队活动。如少先队活动课、开展"学英雄，做新时代好少年""红色故事我来讲"等活动。

4. 各个班级轮流到党团队活动室进行新时代文明实践讲堂、红色经典诵读、节目展演、社团活动等各种类型的团队活动。

（四）活动形式

1. 借助校园红色节日（3月5日学雷锋纪念日、清明节、五四青年节、7月1日建党日、8月1日建军节、9月3日抗日战争胜利纪念日、9月30日烈士纪念日、国庆节、10月13日建队节、12月9日一二九运动纪念日等），作为学校开展爱国主义教育活动的节日。

2. 借助党团队活动室，开展班级新时代文明实践讲堂宣讲活动。

3. 以党史学习为抓手，学校党支部、团总支、少先队组织开展党团队系列课，组织读书节活动、红歌歌唱比赛、演讲比赛等活动，多措并举帮助青少年扣好人生的第一粒扣子，让全体师生学习楷模人物事迹，学习党史知识、了解党史故事、掌握历史事实、坚定"四个自信"。

(五) 价值意义

1. 党支部层面：党团队活动室是学校党建活动开展的主阵地场所。开展红色系列实践活动，利于增强学校党支部集体的凝聚力、战斗力。利用三会一课，做好党员培训学习提升；在"学习楷模人物，做优秀党员""当旗手做标杆"等系列实践活动中，提升党员教师个人道德修养和个人品德，自觉践行社会主义核心价值观，发挥先锋模范作用，更好地为师生发展服务，提高教育教学质量，更好地完成立德树人任务。按时完成党支部布置地对团员、少先队员、班级、特殊学生的帮扶引领任务。

2. 共青团层面：党团队活动室是学校团总支、班级团支部在红色长廊开展红色系列学习实践活动的主阵地。学生在活动中，能够感受党团队文化的熏陶，引领全体团员树立崇高的理想信念，主动践行社会主义核心价值观要求，增强爱国情感。在"学英雄，做优秀共青团员"系列实践活动，不仅彰显共青团员的先锋模范带头作用，还能够促进学生自觉提升自我要求，积极争做一名优秀的共青团员。

3. 少先队层面：党团队知识对于少先队员的影响是潜移默化的，具有培根铸魂的作用。让英雄人物、党史知识融入学生的日常生活，走进学生的灵魂深处。学校大队委、班级中队开展红色系列实践活动，不仅能够感受红色文化的熏陶，还有机会近距离去了解国家的过去、现在和未来。在"学英雄，做新时代好少年"系列实践活动中，引领广大少先队员充分发挥先锋模范带头作用，树立崇高的理想信念，自觉提升自我要求，主动践行社会主义核心价值观要求，积极争当社会主义接班人。

第二节 绘制校外"红心传承"活动阵地版图

一、临淄区党史纪念馆

(一) 临淄区党史纪念馆位置简介，位于临淄城东、太公湖西侧、齐祖广场太公雕像北侧的齐文化博物院二楼展厅，是距离我校最近的、开展区内红色研学的重要教育基地之一。

(二) 内容主题

临淄区党史纪念馆的展厅门口是白兔丘起义的纪念雕像,接下来是抗日战争展区、新中国成立后工商业发展的展区、电子楷模展示区、新时代展区、临淄区的历届领导人画像。

(三) 适用范围

1. 学校党支部可以根据需要组织全体党员到临淄区党史纪念馆开展多种形式的红色研学活动。如"学英雄人物,做合格党员""当旗手做标杆""学党史,争做优秀党员"等活动。

2. 学校团总支可以根据需要组织团员到临淄区党史纪念馆开展多种形式的研学活动。如"学党史,做优秀团员""向英雄致敬""英雄故事我来讲"等活动以及各种形式的宣讲、学习活动。

3. 学校少先队大队委可以根据需要组织少先队员到临淄区党史纪念馆开展多种红色研学活动。如"学英雄,做新时代好少年""红色故事我来讲"等活动。

(四) 研学目标

1. 以党史学习为抓手,有利于党员、团员、少先队员深入了解临淄的发展,了解中国共产党带领临淄人民抗击日寇、浴血奋战成立新中国,砥砺奋进、自强不息建设新中国的光辉历史,从而对中国共产党有了更深入的了解,激发爱党、爱国的红色情怀。

2. 在党史纪念馆,有利于党员、团员、少先队员更加直观地了解日本帝国主义侵略我们的祖国所犯下的种种罪行,明白落后就要挨打的道理,努力学习,将祖国建设得越来越强大,不再受任何国家的欺凌。

3. 在研学中,有利于党员、团员、少先队员多角度、全方位地了解到我们的祖国曾经的贫穷和落后,在中国共产党的领导下,经过祖辈和父辈们的辛苦工作和无私奉献,我们的祖国逐步走向繁荣昌盛,成为世界上举足轻重的大国。

4. 通过电子触摸屏，有利于党员、团员、少先队员了解临淄区的英雄模范人物的故事，学习他们的先进事迹。

（五）活动形式

围绕校园红色节日（3月5日学雷锋纪念日、清明节、五四青年节、7月1日建党日、8月1日建军节、9月3日抗日战争胜利纪念日、9月30日烈士纪念日、国庆节、10月13日建队节、12月9日一二九运动纪念日等），组织到临淄区党史纪念馆开展红色研学活动。一是学校党支部、团总支、少先队、班级组织的集体红色研学活动；二是个人根据学校、班级研学安排，在家人的陪同下进行的自主研学活动。

（六）价值意义

1. 党支部层面：通过到临淄区党史纪念馆进行红色研学活动，帮助党员更好地了解临淄的发展历程，有力推动"学习楷模人物，做优秀党员""当旗手做标杆"等系列实践活动，提升党员教师个人道德修养和个人品德，自觉践行社会主义核心价值观，增强学校党支部集体的凝聚力和战斗力。

2. 共青团层面：团支部组织全体团员到临淄区党史纪念馆开展红色研学活动，让团员更直观地了解临淄的党史发展，感受党团队文化的熏陶，树立崇高的理想信念，主动践行社会主义核心价值观要求，增强爱国情感，积极争做一名优秀的共青团员。

3. 少先队层面：学校大队委、班级中队在临淄区党史纪念馆开展红色研学系列实践活动，不仅能够使学生感受红色文化的熏陶，而且还有机会近距离地去了解在中国共产党的领导下临淄的过去和现在的发展变化，让英雄人物、党史知识融入学生的日常生活，走进学生的灵魂深处。通过推动"学英雄，做新时代好少年"系列实践活动，引领广大少先队员自觉提升自我要求，主动践行社会主义核心价值观，当好社会主义接班人。

（七）研学组织

1. 研学前准备

第一，个人通过网络查阅学习、与家人的访谈交流，了解临淄的党史发展、变化。

第二，确定研学的主题和本次研学中需了解的重点人物、重要事件等。

第三，班级开好红色研学主题班会：小组进行研学前路线规划、小组确定研学主题、组内成员做好任务分工（将要研究的问题分工给个人，确保每个都知晓自己要在何时何地完成任务）；确定合理有效的研究方法，如：查阅资料法、实地考察法、访谈法、问卷调查法等；确定汇报成果的方式（如担任讲解员、主题故事分享、幻灯片展示等）、安全教育等。

第四，学校与实践基地进行对接、学校组织研学活动启动仪式、做好交通计划、安全工作方案和预案。

2. 研学中任务

第一，按照研学路线，开展研学活动，并与设计的路线进行对比，确定其可行性。

第二，按照小组分工，记录研学主题需要的相关问题答案、数据、留存图片资料，为研学后的小组展示做好准备。

第三，做好研学过程中的小组评价。

3. 研学后展示

第一，以班级为单位组织好研学后的展示汇报，小组进行展示汇报，如我是党史讲解员、我讲红色故事、我心中的英雄、学习楷模人物的感受等。

第二，学校德育处组织优秀研学作品展、总结研学过程的全面总结和效果评估。

二、临淄区北海银行遗址

（一）临淄区北海银行遗址位置简介

位于临淄区皇城镇许家村的北侧，淄河东岸，许家村健身广场西侧，距离我校14千米，是我校开展区内红色研学的重要教育基地之一，被山东省命名为第五批省级爱国主义教育基地。

（二）内容主题

1. 抗战时期的银行遗址，北海银行为山东革命根据地与解放区的经济建设作出了卓越贡献，在中国革命根据地货币史上占有重要地位。北海银行的"地下印钞厂"长7米、宽4米、高3米，顶呈拱形，四周墙壁全是砖、石灰砌成，用水泥填缝，拱顶用水泥密封。两边都有通门，以便穿行。西北边又挖了一个长约6米、宽3米、高约5米的上室，与印钞车间相通，成了裁纸贮存室，空间虽狭窄，但功能齐全。"地下印钞厂"有两个出入洞口，两个洞口相距约60米，一个设在印钞车间东南方向40多米远的村民许绍先家的旧楼内，拉开西墙壁的假壁墙，打开方形石板便可进出；另一个洞口设在贮存室西北方向15米远的村民许同芳家空闲院落的破屋里，院内杂草丛生，树木很多，十分隐蔽。"地下印钞厂"另设两个通气孔，分别从旧地道的壁墙上通向野外的两口水井内，紧急情况下也可以从此出入。

2. 革命英雄事迹展室。通过该展室认识投笔从戎，打响鲁东抗日第一枪的英雄李人凤。李人凤领导的临淄县"青年学生抗日志愿军训练团"改编为八路军山东抗日游击第三支队十团，在清河地区东部坚持抗日游击战争，开辟抗日根据地。李人凤非常重视根据地的经济工作，1938年领导十团在县城秘密筹建印钞厂，1939年2月间秘密转移到广饶县乡下，创建红色金融，印制钞票，筹集军费，活跃农村商品经济。

（三）适用范围

1. 学校党支部可以根据需要，组织党员到临淄区北海银行遗址开展多种形式的活动，唤醒入党初心，牢记使命。如"不忘初心、牢记使命"主题教育、"学英雄人物，做合格党员""学党史，争做优秀党员"等活动。

2. 学校团总支可以根据需要，组织团员到临淄区北海银行遗址开展多种主题的研学活动。如"走进北海银行，做优秀学生""学党史，做优秀团员""向英雄致敬""英雄故事我来讲"等主题研学活动。

3. 学校少先队大队委可以根据需要，组织少先队员到临淄区北海银行遗址开展多种形式的少先队活动。如"学英雄，做新时代好少年""红色故事我来讲"等活动。

（四）研学目标

1. 以党史学习为抓手，有助于党员、团员、少先队员了解北海银行为山东革命根据地与解放区的经济建设作出的卓越贡献，以及在中国革命根据地货币史上占有的重要地位，对中国共产党有了更深入的了解，激发爱党、爱国的红色情怀。

2. 让党员、团员、少先队员亲身体验在北海银行遗址阴暗潮湿的地下通道里，革命先辈工作环境的艰苦，激发学习热情、学好本领，将祖国建设得更加强大，傲立世界民族之巅。

3. 在研学中，让党员、团员、少先队员可以多角度、全方位地了解到我们的革命先辈李人凤的抗日光辉事迹，向英雄学习，树立远大理想，为中华民族的复兴贡献力量。

（五）活动形式

围绕校园红色节日（3月5日学雷锋纪念日、清明节、五四青年节、7月1日建党日、8月1日建军节、9月3日抗日战争胜利纪念日、9月30日烈士纪念日、国庆节、10月13日建队节、12月9日一二九运动等纪念日），组织到临淄区北海银行遗址开展爱国为主题的红色研学活动。一是学校党支部、团总支、少先队、班级组织的集体红色研学活动；二是个人根据学校、班级研学安排利用假期在家长的陪同下进行的自主红色研学活动。

（六）价值意义

1. 党支部层面：通过到临淄区北海银行遗址进行红色研学活动，让全体党员了解北海银行遗址的由来，了解临淄的发展历程，有力推动"学习楷模人物，做优秀党员""当旗手做标杆"等系列实践活动，提升党员教师个人道德修养和个人品德，自觉践行社会主义核心价值观，增强学校党支部集体的凝聚力、战斗力和自信力。

2. 共青团层面：团支部组织全体团员到临淄区北海银行遗址开展红色研学活动，同学们跟随讲解员学习了顺应形势、创立、助力山东抗战；迎击日伪法币、赢得货币战争；金融服务、保障战时经济；一代金融志士英名彪炳史册；肇基银行伟业、传承红色基因五个部分。全面了解了北海银行在山东根据地创立、成长、壮大的艰苦历程，深刻感受到金融战线上的沂蒙精神。

3. 少先队层面：学校大队委、班级中队在临淄区北海银行遗址开展红色研学活动。队员们认识了投笔从戎，打响鲁东抗日第一枪的英雄李人凤。学习到了英雄前辈是怎样从小立志，长大从军报国的英雄壮举。一所地下银行，一段红色历史，一位革命英雄。本次红色基因传承主题实践，让队员们感受到了胸前的红领巾愈发鲜艳，少先队员们在红旗下更加阳光向上，热爱生活，坚定了跟党走，报效祖国的信心。

（七）研学组织

1. 研学前准备

第一，个人通过网络查阅学习、与家人的访谈交流，了解临淄北海银行遗址的位置、内容、简介。

第二，根据研学需要，确定自己本次研学的主题，需了解的重点人物、重要事件等。

第三，班级开好"北海银行知多少""北海银行的革命精神"红色研学主题班会：小组进行研学前路线规划、小组确定研学主题、组内成员做好任务分工（将要研究的问题分工给个人，确保每个都知晓自己要在何时何地完成任务；确定合理有效的研究方法，如查阅资料法、实地考察法、访谈法、问卷调查法等）、确定汇报成果的方式（如担任讲解员、主题故事分享、幻灯片展示等）、安全教育等。

第四，学校提前与北海银行遗址负责人对接确定具体研学时间，出发前学校组织研学活动启动仪式明确任务，德育处提前做好交通计划、安全工作方案和预案。

2. 研学中任务

第一，按照研学路线，开展研学活动，并与设计的路线进行对比，确定其可行性。

第二，按照小组分工，记录研学主题需要的相关问题答案、数据、留存图片资料，为研学后的小组展示做好准备。

第三，做好研学过程中的小组评价。

3. 研学后展示

第一，以班级为单位组织好研学后的展示汇报，小组进行展示汇报，如我是党史讲解员、我讲红色故事、学习楷模人物等。

第二，研学结束后，学校德育处组织优秀研学作品展、总结研学过程的全面总结和效果评估。

三、临淄烈士陵园

（一）临淄区烈士陵园位置简介，位于临淄城南、淄河北岸，在安乐店村东1000米处的天路2号，距离我校17千米，是我校开展区内红色研学的重要教育基地之一，被市确定为淄博市爱国主义教育基地。陵园内有革命烈士纪念塔、临淄革命史纪念馆、英烈园、英雄群雕、烈士英名录碑等。

（二）内容主题

烈士陵园内有在土地革命、抗日战争、解放战争、抗美援朝、卫国戍边和社会主义建设事业中献出宝贵生命的1688名烈士的灵位。1688名烈士的英名刻在了革命烈士纪念堂内的英名录上；50名烈士的英雄事迹，以图片和实物展示出来；38位先烈的忠骨，在烈士墓群内安葬着。陵园内主要纪念建筑物有：革命烈士纪念塔、烈士纪念堂、烈士墓群等。陵园正门牌坊横匾上刻有"革命烈士陵园"6个镏金大字。23米高的革命烈士纪念塔，在陵园山岗之巅矗立。"革命烈士纪念塔"7个大字刻在纪念塔的正面；"革命烈士永垂不朽"8个大字在纪念塔的背面；"临淄革命烈士纪念碑碑文"在碑座上雕刻。搜集整理著名烈士史料115份，史料照片80多张，各类军功章、纪念章、荣誉奖旗100余份，104幅烈士油画图片在纪念堂内展出。

（三）适用范围

1. 学校党支部可以根据需要，组织党员到临淄区烈士陵园开展多种形式的活动。如"不忘初心，牢记使命"主题教育、"学英雄人物，做合格党员""寻访红色足迹""学党史，争做优秀党员"等活动。

2. 学校团总支可以根据需要，组织团员到临淄区烈士陵园开展多种主题的研学活动。如"寻访红色足迹""学党史,做优秀团员""向英雄致敬""英雄故事我来讲"等研学活动。

3. 学校少先队大队委可以根据需要,组织少先队员到临淄区烈士陵园开展多种形式的主题研学活动。如"缅怀革命前辈""寻访红色足迹"学英雄,做新时代好少年"红色故事我来讲"等活动。

(四)研学目标

1. 让党员、团员、少先队员了解临淄区烈士陵园中烈士们的光辉事迹,追思革命先辈们的丰功伟绩,树立崇高的理想信念,珍惜今天的美好生活,增强对中国共产党的了解,激发爱党、爱国的红色情怀,增强四个自信。

2. 让党员、团员、少先队员用力所能及的实际行动,如擦拭烈士墓碑、敬献花篮、默哀等,表达对革命先辈们的敬意,努力学习、学好本领,将祖国建设得更加强大。

3. 在研学中,让党员、团员、少先队员多角度,全方位地了解革命先辈的事迹,并能用自己的方式向同学、家人讲述革命前辈的光辉事迹,树立日常生活中的学习榜样,积极践行社会主义核心价值观,增强对国家和社会主义制度的认同。

(五)活动形式

学校党支部、团总支、少先队大队委,可以围绕校园红色节日(如3月5日学雷锋纪念日、清明节、五四青年节、7月1日建党日、8月1日建军节、9月3日抗日战争胜利纪念日、9月30日烈士纪念日、国庆节、10月13日建队节、12月9日一二九运动纪念日等),组织党员、团员、少先队员到临淄区党史纪念馆开展多种主题的红色研学活动。

一是学校党支部、团总支、少先队、班级组织到临淄区烈士陵园进行集体红色研学活动;二是个人根据学校、班级研学安排在家人的陪同下进行的自主研学。

(六)价值意义

1. 党支部层面:通过到临淄区烈士陵园进行红色研学活动,让党员深入了解革命先辈们的光辉事迹和崇高的理想信念，更好地推动"学习楷模人物，做优秀党员""当旗手做标杆"等系列实践活动，提升党员教师个人道德修养和个人品德，自觉践行社会主义核心价值观，增强学校党支部集体的凝聚力、战斗力。

2. 共青团层面：团支部组织全体团员到临淄区烈士陵园开展红色研学活动，让全体团员充分了解革命先辈的光辉事迹，感受党团队文化的熏陶，树立崇高的理想信念，主动践行社会主义核心价值观要求，增强爱国情感，积极争做一名优秀的共青团员。

3. 少先队层面：学校大队委、班级中队在临淄区烈士陵园开展红色研学活动，让少先队员更直观地感受红色文化的熏陶，让英雄人物、党史知识融入学生的日常生活，走进学生的灵魂深处。更好地推动"学英雄，做新时代好少年"系列实践活动实效，引领广大少先队员自觉提升自我要求，主动践行社会主义核心价值观要求，当好社会主义接班人。

（七）研学组织

1.研学前准备

第一，个人通过网络查询"临淄区烈士陵园"相关介绍学习、与家人的访谈交流，了解临淄的位置、建筑、主要人物。

第二，自己选择确定要进行研学的主题，确定研学路线，需了解的重点人物、重要事件等。

第三，班级开好"走进烈士陵园致敬革命先辈""学革命先辈，做新时代好少年""我心中的英雄"等红色研学主题班会：小组进行研学前路线规划、小组确定研学主题、组内成员做好任务分工（将要研究的问题分工给个人，确保每个人都知晓自己要在何时何地完成何种任务；确定合理有效的研究方法，如查阅资料法、实地考察法、访谈法、问卷调查法等）、确定汇报成果的方式（如担任讲解员、车马主题故事分享、幻灯片展示等）、安全教育等。

第四，学校与临淄区烈士陵园进行对接确定研学时间、出发前学校组织研学活动启动仪式、提前做好交通计划、安全工作方案和预案。

2. 研学中任务

第一，按照预定研学路线，开展研学活动，并与设计的路线进行对比，确定其可行性。

第二，按照小组分工，记录研学主题需要的相关问题答案、数据、留存图片资料，为研学后的小组展示做好准备。

第三，做好研学过程中的小组评价。

3. 研学后展示

第一，以班级为单位组织好研学后的展示汇报，小组进行展示汇报，如我是党史讲解员、我讲红色故事、学习楷模人物等。

第二，学校德育处组织优秀研学作品展、总结研学过程的全面总结和效果评估。

四、孟良崮战役纪念馆

（一）孟良崮战役纪念馆位置简介

位于山东省临沂市蒙阴县的垛庄镇，坐落于孟良崮山顶的烈士陵园内，是为了纪念"1947年5月，华东野战军在陈毅、粟裕的指挥下，在孟良崮一举歼灭国民党精锐部队——整编七十四师，击毙该师师长张灵甫"这一著名的"孟良崮战役"而建的，包括纪念馆、烈士陵园、战役遗址区、雕塑园四部分，是我校开展山东省内淄博市外红色研学的爱国主义教育基地之一。

（二）内容主题

孟良崮战役纪念馆，坐北朝南，占地面积81000平方米，建筑面积3240平方米。馆内共分5个展厅，分别为门厅、战役厅、支前厅、英烈厅和双拥厅。门厅正面是毛泽东、邓小平、江泽民的题词和孟良崮战役大型沙盘。战役厅以时间先后为序，展示了战役经过及华东野战军战斗序列表和参战部队的进攻、阻援情况。支前厅展示了沂蒙人民踊跃支前的情况。英烈厅展示了部分英模人物、战斗英雄的事迹情况。双拥厅介绍了蒙阴县走出山门，开展异地拥军，获得全国拥军优属模范县的情况。

纪念馆前面是陈毅元帅、粟裕将军的雕塑，雕像总高为7.5米，底座的高度为7.5米，陈毅元帅诗篇《孟良崮战役》镌刻花岗岩上。

纪念馆后面是烈士墓地，粟裕将军骨灰在烈士墓地正中间，墓的后面是烈士英名塔，在孟良崮战役中牺牲的2800多名烈士的姓名在英名塔身上镌刻着，2800多名烈士的遗骨在墓区内掩埋存放。

纪念碑位于孟良崮旅游区大崮顶的最高点上，总高是30米，由三块状如刺刀的灰色花岗石筑成，分别象征着野战军、地方军和民兵的武装力量。纪念碑的底座是一个枪托，是由边长20米、高6米的正三棱体组成，象征着枪杆子里面出政权。枪托的周围是红色围墙，象征着高山下的花环。纪念碑的上下部构成一个有机的整体，象征着军民团结必胜，人民战争必胜。

（三）适用范围

1. 学校党支部可以根据需要组织党员到孟良崮战役纪念馆开展多种形式的教育活动。如"不忘初心，牢记使命""学英雄人物，做合格党员""当旗手做标杆""学党史，争做优秀党员"等主题党日红色研学活动。

2. 学校团总支可以根据需要组织团员到孟良崮战役纪念馆开展多种主题的红色研学旅行活动。如"学党史，走进孟良崮""向英雄致敬""英雄故事我来讲"等活动。

3. 学校少先队大队委可以根据需要组织少先队员到孟良崮战役纪念馆开展多种形式的红色研学旅行活动。如"学英雄，做新时代好少年""红色故事我来讲"等活动。

（四）研学目标

1. 让党员、团员、少先队员通过研学，了解孟良崮战役的战略意义。孟良崮战役是解放战争以来我军与国民党军在华东战场上一次正面的大规模较量，是打破国民党军对山东解放区重点进攻和转变华东战局的关键性一仗，沉重打击了敌人的嚣张气焰，极大鼓舞了解放区军民克服困难、战胜敌人的信心和士气。

2. 让党员、团员、少先队员通过研学，了解孟良崮战役取胜的关键因素。

在孟良崮纪念馆，更加直观地了解中国人民解放军当时人员武器严重不足，生活物资极为短缺，条件十分艰苦，但在中国共产党的正确领导和指挥下，战士保持高度的团结和旺盛的革命斗志，团结广大群众，以惊人的毅力克服种种困难，自力更生，百折不挠，英勇奋战，最终取得了伟大的胜利。

3.以党史学习为抓手，通过研学实践，让党员、团员、少先队员通过研学，多角度、全方位地对中国共产党有了更深入的了解，激发爱党、爱国的红色情怀。我们的祖国曾经贫穷和落后，在中国共产党的领导下，经过祖辈和父辈们的辛苦工作和无私奉献，我们的祖国逐步走向繁荣昌盛，成为世界上举足轻重的大国。

（五）活动形式

学校党支部、团总支、少先队大队委，可以结合校园红色节日（3月5日学雷锋纪念日、清明节、五四青年节、7月1日建党日、8月1日建军节、9月3日抗日战争胜利纪念日、9月30日烈士纪念日、国庆节、10月13日建队节、12月9日一二九运动纪念日等），组织到孟良崮战役纪念馆开展具有爱国主义教育意义的红色研学活动。

一是学校党支部、团总支、少先队、班级组织的集体红色研学活动；二是个人在家人的陪同下进行的自主研学。

（六）价值意义

1.党支部层面：通过到孟良崮战役纪念馆进行红色研学活动，让全体党员了解孟良崮战役的意义和当代价值，有力推动"学习楷模人物，做优秀党员""当旗手做标杆"等系列实践活动，提升党员教师个人道德修养、个人品德和教育智慧，自觉践行社会主义核心价值观，增强学校党支部集体的凝聚力、战斗力和自信力。

2.共青团层面：团支部组织全体团员到孟良崮战役纪念馆开展红色研学活动，让全体团员深入地了解孟良崮战役在当时的战略意义，感受党团队文化的熏陶，树立崇高的理想信念，主动践行社会主义核心价值观要求，增强爱国情感，积极争做一名优秀的共青团员。

3.少先队层面：学校大队委组织到孟良崮战役纪念馆开展红色研学旅

行活动，不仅能够感受红色文化的熏陶，还有机会更直观、近距离地去了解孟良崮战役的真实状况，让英雄人物、党史知识融入学生的日常生活，走进学生的灵魂深处。推动"学英雄，做新时代好少年"系列实践活动实效，引领广大少先队员自觉提升自我要求，主动践行社会主义核心价值观要求，自觉当好社会主义接班人。

（七）研学组织

1. 研学前准备

第一，个人通过网络查询"孟良崮战役纪念馆"的相关介绍进行自主学习，了解孟良崮战役的双方指挥者是谁，这次战役的意义是什么，胜利的原因是什么，并与家人访谈交流。

第二，自己确定想要进行的研学主题，需了解的重点人物、重要事件等。

第三，班级开好红色研学主题班会"我们要去研学了""孟良崮战役知多少""向英雄致敬"。小组进行研学前路线规划、小组确定研学主题、组内成员做好任务分工（将要研究的问题分工给个人，确保每个人都明确自己要在何时何地完成任务；确定合理有效的研究方法，如查阅资料法、实地考察法、访谈法、问卷调查法等）、确定汇报成果的方式（如担任讲解员、主题故事分享、幻灯片展示等）、安全教育等。

第四，学校与旅行社、孟良崮战役纪念馆进行对接，确定具体研学时间，组织研学活动启动仪式，提前做好交通计划、安全工作方案和预案。

2. 研学中任务

第一，按照研学路线，开展研学活动，并与设计的路线进行对比，确定其可行性。

第二，按照小组分工，记录研学主题需要的相关问题答案、数据、留存图片资料，为研学后的小组展示做好准备。

第三，做好研学过程中的小组评价。

3. 研学后展示

第一，以班级为单位组织好研学后的展示汇报，小组进行展示汇报，如我是党史讲解员、我讲红色故事、学习楷模人物等。

第五章
绘制"红心传承"党团队一体化红色阵地版图

第二,学校德育处、团总支、大队委组织优秀研学作品展,总结研学过程和效果评估。

五、焦裕禄纪念馆

(一)焦裕禄纪念馆位置简介

位于博山区崮山乡北崮山村,北崮山是县委书记的好榜样焦裕禄的故乡,为了纪念他,博山区于1966年建立该馆,共占地3000平方米,该馆面积5432平方米,分两个展览室。第一展览室陈列着焦裕禄生前照片、遗物和老一辈革命家的题词,室中间一尊2米高的焦裕禄全身塑像;第二室详细展出了焦裕禄生平和光辉业绩。焦裕禄纪念馆,是我校开展淄博市内临淄区外红色研学的重要教育基地之一。

(二)内容主题

焦裕禄同志的生平事迹在第一和第二展室进行介绍。分为"前言""青少年时代""在工业战线上""县委书记的榜样"四部分。

第一展室内陈列,分别介绍了焦裕禄同志童年的苦难经历和对翻身求解放的期盼,以及走上革命道路的历程;投身工业战线,响应党的号召,深入车间和工人同吃、同住、同劳动,成为工业管理的内行的事迹;组织派他去兰考县任县委书记后,他深入实际,调查研究,统一县委班子的思想,亲自掂一掂三害的分量,绘制宏图,带领兰考人民战胜三害,改变贫穷落后面貌,鞠躬尽瘁;邓小平题写的"焦裕禄"书名,以及焦裕禄生前用过的《毛泽东选集》、专押恶霸的亲笔信、焦裕禄办公室复原等内容,也在这里展出。

第二展室内有:"挥泪继承壮士志,誓将遗愿化宏图""全国学习焦裕禄""焦裕禄的愿望实现了""在焦裕禄精神鼓舞下""结束语"。焦裕禄逝世后,全国掀起了学习焦裕禄的热潮;在焦裕禄精神鼓舞下,兰考人民和焦裕禄故乡人民战天斗地,发生的巨大变化;毛主席接见焦裕禄的二女儿的珍贵历史照片,外国参观者盛赞焦裕禄的留言;全国著名雕塑家仇志海同志创作的以焦裕禄的名言"吃别人嚼过的馍没味道"为主题的群雕,它传神地再现了焦裕禄带领群众查风口、探流沙的高大形象。

在第三展室陈列着录音、录像、书法和绘画。有党和国家领导人的题词，人民群众赞扬焦裕禄精神的书法、绘画作品，焦裕禄的夫人徐俊雅和子女们回忆焦裕禄同志、介绍各自成长历程的电视专题片等内容。

（三）适用范围

1. 学校党支部根据需要到焦裕禄纪念馆开展学习教育活动。如"学焦裕禄，当好人民的公仆""当旗手做标杆""学党史，争做优秀党员"等活动。

2. 学校团总支根据需要到焦裕禄纪念馆开展多种主题红色研学旅行活动。如"学党史，做优秀团员""向焦裕禄致敬""焦裕禄故事我来讲"等活动。

3. 学校少先队大队委可以根据需要组织少先队员开展多种形式的红色研学活动。如"学焦裕禄精神，做新时代好少年""焦裕禄故事我来讲"等活动。

（四）研学目标

1. 让全体党员、团员、少先队员了解"焦裕禄精神：亲民爱民、艰苦奋斗、科学求实、迎难而上、无私奉献"，树立人生学习榜样，激发爱党、爱国热情，自觉践行社会主义核心价值观。

2. 在焦裕禄纪念馆，让全体党员、团员、少先队员通过图片、实物更加直观地了解焦裕禄奋斗的一生，更好地理解"亲民爱民是焦裕禄精神的本质；艰苦奋斗是焦裕禄精神的精髓；科学求实是焦裕禄精神的灵魂；迎难而上是焦裕禄精神的重要内容；清正廉洁，无私奉献是焦裕禄精神的鲜明特点"。学习焦裕禄同志"心中装着人民、唯独没有自己"的公仆情怀，凡事探求就里、"吃别人嚼过的馍没味道"的求是作风，"敢教日月换新天""革命者要在困难面前逞英雄"的奋斗精神，艰苦朴素、廉洁奉公、"任何时候都不搞特殊化"的道德情操。

3. 在研学中，让全体党员、团员、少先队员多角度、全方位地了解到我们的祖国曾经的贫穷和落后，在中国共产党的领导下，经过祖辈和父辈们辛勤无私的奉献，我们的祖国逐步走向繁荣昌盛，成为世界上举足轻重的大国，从而激发为实现中华民族伟大复兴而努力的信心和决心。

（五）活动形式

学校党支部、团总支、少先队大队委，可以围绕校园红色节日（3月5日学雷锋纪念日、清明节、五四青年节、7月1日建党日、8月1日建军节、9月3日抗日战争胜利纪念日、9月30日烈士纪念日、国庆节、10月13日建队节、12月9日一二九运动纪念日等），组织到临淄区党史纪念馆开展爱国主义教育活动的红色研学活动。

一是学校党支部、团总支、少先队组织的集体红色研学活动；二是个人在家人陪同下进行的自主研学。

（六）价值意义

1. 党支部层面：通过到焦裕禄纪念馆进行红色研学活动，了解焦裕禄的生平事迹，学习焦裕禄精神，更好地推动"学习楷模人物，做优秀党员""当旗手做标杆"等系列实践活动，提升党员教师个人道德修养和个人品德，自觉践行社会主义核心价值观，增强学校党支部集体的凝聚力、战斗力和自信力。

2. 共青团层面：团支部组织全体团员到焦裕禄纪念馆开展红色研学活动，让全体团员了解焦裕禄的感人事迹，感受焦裕禄的高尚精神，树立崇高的理想信念，主动践行社会主义核心价值观要求，增强爱国情感，积极争做一名优秀的共青团员。

3. 少先队层面：学校大队委组织少先队员到焦裕禄纪念馆开展红色研学旅行活动，不仅能够近距离学习焦裕禄精神，还能够通过图片、实物直观感受焦裕禄的感人事迹，更容易让英雄人物、党史知识融入学生的日常生活，走进学生的灵魂深处，从而推动"学英雄，做新时代好少年"系列实践活动实效，引领广大少先队员自觉提升自我要求，主动践行社会主义核心价值观要求，当好社会主义接班人。

（七）研学组织

1. 研学前准备

第一，个人通过网络查询焦裕禄的精神和事迹进行学习，并与家人的访谈交流中了解焦裕禄纪念馆的位置以及他的故事。

第二，确定研学的主题，需了解的重点人物、重要事件等。

第三，班级开好红色研学主题班会"焦裕禄的故事""我向焦裕禄学什么"，小组进行研学前路线规划、小组确定研学主题、组内成员做好任务分工（将要研究的问题分工给个人，确保每个都知晓自己要在何时何地完成任务；确定合理有效的研究方法，如：查阅资料法、实地考察法、访谈法、问卷调查法等）、确定汇报成果的方式（如担任讲解员、焦裕禄故事我来讲、幻灯片展示等）、安全教育等。

第四，学校与实践基地进行对接，学校组织研学活动启动仪式，做好交通计划、安全工作方案和预案。

2. 研学中任务

第一，按照研学路线，开展研学活动，并与设计的路线进行对比，确定其可行性。

第二，按照小组分工，记录研学主题需要的相关问题答案、数据、留存图片资料，为研学后的小组展示做好准备。

第三，做好研学过程中的小组评价。

3. 研学后展示

第一，以班级为单位组织好研学后的展示汇报，小组进行展示汇报，如我是党史讲解员、我讲红色故事、学习楷模人物等。

第二，学校组织优秀研学作品展，进行研学过程的全面总结和效果评估。

第六章

打造"红心研习"党团队一体化精品课程

要达成本研究育人目标,首先就需要把握课程建设这一关键点,而课程的组织实施与开发建设,又在于教师需要发挥教师在精品课程建设当中的积极作用,把教师力量结合起来,建设突出红色教育的精品课程系列。本研究的精品课程建设形成了"红心研习"党团队一体化课程体系。

本研究将"三有三引"党团队一体化建设与《山东省中小学德育课程一体化实施指导纲要》相融合,打造"红心研习"党团队一体化精品课程:一是结合道德与法治、品德与社会等德育课程打造"红色德育课程";二是结合语文、美术、音乐、历史、地理等学科课程打造"红色学科课程";三是结合国史、党史课程,挖掘红色革命传统,坚定理想政治信念,打造"红色信念课程";四是融合实践教育,重点结合劳动实践、研学旅行,打造"红色实践课程"。

第一节 红色德育课程

人无德不立,业无德不兴,学校育人,德育为先。而红色文化存在形态多样,资源类型丰富,且具有与时俱进的发展性,把红色文化融入中小学德育教育,改善了当前中小学德育形式传统、内容枯燥的弊病,对提高中小学德育教育实效性将有很大帮助。不仅能够拓展中小学德育教育形式,丰富中小学德育教育内容,同时也可以在提高学生思想道德素质的过程中实现红色文化的传承发展。

学校按照《中小学德育工作指南》的要求，把中小学德育教育主要内容与红色文化资源的精神内涵相结合，明确九年一贯制各个学段德育工作的侧重点，聚焦五大板块的德育内容体系、六大德育工作实施途径等，为基层学校聚焦德育工作，运用新的方式方法，使得中小学生德育教育更贴近学生生活，以学生更加喜闻乐见的方式表现，提高中小学德育教育的实效性、感染力与持久性。

一、在学校推进红色文化教育，强化红色文化教育主阵地

（一）制订红色教育目标，完善模式

目前我国在中小学教育阶段还没有制定明确的红色教育目标，也没有设立专门的红色教育课程。因此，作为九年一贯制学校，首先要制订明确的教育目标，根据目标才能制订相应的制度去落实。红色教育在实践中已经体现出良好的效果，将红色教育有序地进行下去就必须制度化，而制订红色教育目标就是将红色教育制度化的前提。对于中小学生这个群体来说，为他们制定的红色教育目标应当具体、实施性强、容易理解，与行为的养成要联系起来。

结合《中小学德育工作指南》明确提出中小学德育的总体目标是：

培养学生爱党爱国爱人民，增强国家意识和社会责任意识，教育学生理解、认同和拥护国家政治制度，了解中华优秀传统文化和革命文化、社会主义先进文化，增强中国特色社会主义道路自信、理论自信、制度自信、文化自信，引导学生准确理解和把握社会主义核心价值观的深刻内涵和实践要求，养成良好政治素质、道德品质、法治意识和行为习惯，形成积极健康的人格和良好心理品质，促进学生核心素养提升和全面发展，为学生一生成长奠定坚实的思想基础。专注到红色教育方面，九年一贯制学校应该在此基础上按照中小学低年级、中小学中高年级、初中学段设置分层次的红色德育目标。

小学低年级：教育和引导学生热爱中国共产党、热爱祖国、热爱人民、爱亲敬长、爱集体、爱家乡，初步了解生活中的自然、社会常识和有关祖

国的知识，保护环境，爱惜资源，养成基本的文明行为习惯，形成自信向上、诚实勇敢、有责任心等良好品质。

小学中高年级：教育和引导学生热爱中国共产党、热爱祖国、热爱人民，了解家乡发展变化和国家历史常识，了解中华优秀传统文化和党的光荣革命传统，理解日常生活的道德规范和文明礼貌，初步形成规则意识和民主法治观念，养成良好生活和行为习惯，具备保护生态环境的意识，形成诚实守信、友爱宽容、自尊自律、乐观向上等良好品质。

初中学段：教育和引导学生热爱中国共产党、热爱祖国、热爱人民，认同中华文化，继承革命传统，弘扬民族精神，理解基本的社会规范和道德规范，树立规则意识、法治观念，培养公民意识，掌握促进身心健康发展的途径和方法，养成热爱劳动、自主自立、意志坚强的生活态度，形成尊重他人、乐于助人、善于合作、勇于创新等良好品质。

这些目标的制定是螺旋上升，层层递进的，我们坚持指向终点的起点教育，让学生经过九年一贯的学校教育，走出去可以是一个堂堂正正充满正能量的人。

其次，整合红色教育的内容，选择最适合的方法。红色教育的内容是十分丰富的。老一辈革命家保卫祖国的抗战精神、新时代的抗震救灾精神等都是红色教育不可缺少的一部分。但是这些资源又是零散的，缺少系统的整合。因此，整合红色教育内容，是不断完善红色教育的保障。对中小学生进行红色文化教育的方式方法很多，其中基本的方法包括：理论教育、实践教育、典型教育、感染教育、比较教育、疏导教育等。我们在选择具体的教育方法时，与具体的条件相结合，包括：教育目标、红色文化的内容、现实的条件、学生特点等，以取得最佳的教育效果。每种教育方法均有它自己的特点和作用。例如，讲授讲解法，教师采用富有感染力的语言，运用优秀的口才，把红色文化通过理解消化，深入浅出地传授给学生，这种最传统的方式，效果反而非常好；宣传教育法，这种方法会借助多种媒介和多媒体技术，声、光、图、文并用，寓教于乐，增强红色文化教育对小学生的吸引力。另外还安排参观、访谈、考察等实践活动，使得小学生去身临其境的感知、领悟红色文化，另外还有示范教育法、榜样感染法，有计划地组织小学生观看一些红色经典，如《永远的丰碑》《闪闪的红星》《小兵张嘎》等影像资料，阅读一些描写英雄事迹的书籍，通过这种具体而且形象的教育方式，让学生体会到英雄模范的可亲、可敬。对于不同年龄的学生，也要选择最适合的教育方式，使得红色文化教育在学生成长的每一个阶段都发挥其独特的作用。

再次，建立科学的评估手段。红色教育落实得怎么样，如何去评价红色教育的实行，都要对红色教育进行评估才得知。因此，科学的评估手段也是保障红色文化教育在小学发展的重要手段。

（二）创新红色德育方式方法，激发兴趣

提高红色德育的教育效果，就要不断创新红色德育的方式方法，打破"一上课，二讨论，三总结"的老套路。一是开展实地红色教育活动。学校组织学生到红色教育基地去参观，通过身临其境的观察和体味，能够更好地让青少年体会红色精神的真谛。通过珍贵的照片和实物资料，可以让青少年更好地了解历史，激发青少年的爱国主义和民族主义情感，激发他们的学习兴趣。二是开展红歌会、红色经典电影赏析等活动。相对于枯燥的课堂，开展适当的红歌会和红色电影赏析活动，不仅能丰富青少年的第二课堂内容，而且能够使青少年参与到红色精神的传播当中，提高他们的红色素养。三是走访老红军、老战士。组织带领青少年到老红军、老战士家中，听老红军、老战士讲述他们的故事。四是扩大红色文化的传播空间和渠道。红色文化要最大化地发挥它的作用，必须要改变思路，选择与当今最为优秀的传播媒介——网络相结合，主动让红色文化走进网络，来实现其主动去传播的目的。首先，网络目前走在社会发展的浪尖上，是当今新媒体的翘楚。目前，网络已经占据了人们工作生活的很大一部分，据统计，目前全球15岁以上的互联网用户达到了94亿，全球互联网用户的总数更是超过了30亿大关。因此，借助网络来实现红色文化的传播，可以最大限度地发挥红色文化的作用，使得更多的学生体会到红色文化的魅力。其次，网络传播迅速便捷，它可以突破时空的限制，使学生们随时随地都可以接收到红色文化教育内容，并作出反馈，从而提高红色文化教育的时效性和实效性。最后，网络传播能够将多种传播方式融为一体。把图像、声音、文字巧妙的整合起来，使得红色文化的吸引力、感染力都得到增强，从而提高

它的教育效果。

(三) 加强校园红色教育宣传力度，重视引导

开展校园红色教育，首先要加强红色教育平时的宣传力度，充分利用宣传栏、广播站等这些有利的宣传渠道。宣传栏开辟出专门的红色教育专栏，将经典的红色人物故事不断进行宣传，并定期更换。广播站可以在课间播放红色歌曲等。

其次，成立红色文化兴趣小组。在小学教育阶段，兴趣小组是小学校园文化的精品，是学生可以去主动参与的校园活动，也是同学之间进行沟通交流的重要场所。学校组织建立红色文化兴趣小组，可以通过兴趣小组的各种活动，使同学们更容易接受红色文化教育的思想。

最后是要建设校园红色教育网站。随着信息化社会的发展，网络已经成为当代青少年生活中不可缺少的一部分。加强网络红色教育的宣传，成为学校进行红色文化教育的新途径。

【工作案例】——在校红色教育

慎终追远　缅怀先辈
——"我们的节日·清明"系列活动

青山处处埋忠骨，鲜花朵朵祭英魂。又是一年清明时，诉不尽对革命烈士的无限深情，道不尽对烈士英魂的无尽哀思。为缅怀烈士的丰功伟绩，接受爱国主义的传统教育，学习和发扬革命先烈的精神，我校由少先队大队部组织，由少先队辅导员、全体少先队员、教师共同参与，开展了以"慎终追远 缅怀先辈"为主题的系列教育活动。

清明有约，继承遗志

4月1日，升旗仪式因为清明的临近而显得与众不同，那迎风飘扬的五星红旗愈发的鲜艳。国旗下讲话，将几千年的风俗和近百年的革命历史娓娓道来。记忆的复刻延续着生命，生命的延续传承着文化，文化的传承弘扬着精神。在庄严的升旗仪式中，全校师生又一次加深了对清明的理解，民族自豪感、对先辈的敬重之情得到升华，就像习爷爷对广大少先队员提出的要求和希望一样，我们一定"多了解中国

革命、建设、改革的历史知识，多向英雄模范人物学习，热爱党、热爱祖国、热爱人民，用实际行动把红色基因一代代传下去"。

走长征路，立少年志

为了体验红军战士不怕苦不怕累的精神，少先队员们重温了一段长征路。他们两路纵队，排着整齐的步伐来到临淄区烈士陵园。陵园内，整场活动庄严肃穆，井然有序，怀着对革命先烈们无比的敬意和无限的哀思，在庄严肃穆的"人民英雄纪念碑"前，举行了简短而又隆重的悼念仪式。之后，在陵园管理人员的引领下，师生们还参观了"革命烈士纪念堂"，了解了烈士们的丰功伟绩。不仅如此，队员们来到了身边的烈士吕梦起老人的墓前，为烈士敬献鲜花。通过重走长征路、重温英雄情，他们感叹红军战士的顽强斗志，感叹坚定信念、付诸行动才能取得胜利，红色的种子已悄悄地在他们心中生根、发芽……

崇尚英雄，精忠报国

清明祭英烈，哀思诉衷肠；激情藏满怀，奋起博远方。英雄情当为报国行，各个中队也组织了丰富的清明主题队会。插柳、蹴鞠、放风筝，在愉快的氛围中感知清明节的由来和习俗；登陆文明网，在"网上祭英烈"互动平台上发表祭奠感言、敬献鲜花，表达对先烈、先人、先贤、英雄的感恩和敬仰之情；诵读中华经典，凯歌清明优秀诗文，在童谣传唱中洗涤心灵；向四川凉山勇救山火而壮烈牺牲的消防员英雄说句心里话，在沉重悼念中砥砺自我，精忠报国……

"我们的节日——清明节"系列活动的开展，有利于少先队员了解历史，弘扬传统文化，少先队员们将牢记中华民族的辉煌历史，追寻先贤先烈们的足迹，珍惜现在的美好生活，从小树立报效祖国的远大志向，为实现中华民族伟大复兴的"中国梦"而不懈努力！

二、完善家庭教育环境，配合红色文化教育的进行

作为一所九年一贯制农村学校，具有服务于所在辖区内的家庭和孩子不可替代的作用。在服务辖区内，有非常普通的16个农村自然村。绝大多数家庭都以农业生产为主，尽管所有的家庭对每一个孩子都抱有望子成龙、

望女成凤的期盼，但限于教育方式和教育技巧无法与现代社会发展相衔接，一直以来，家庭教育水平都比较滞后。家庭教育在未成年人思想建设中具有特殊重要的作用。要把家庭教育与社会教育、学校教育紧密结合起来。

　　为了实现这一宏大的教育目标，学校以农村社会为基础，家庭教育为突破点，以家校互联为手段，结合自身的九年义务教育的得力条件，帮助每一个希望自己孩子成才的家庭面向阳光，收获幸福。我们通过持续性的"大家访"，调查每一名学生的在家表现情况；通过举办常规性的"家长开放日"，让每一位家长了解学生们的在校表现情况；通过选举家长委员会，成立家长学校基本的管理机构；通过不间断的开展"家长会"，达到家校互联，互通有无；通过举办爱心募捐、研学旅行、趣味运动会、文艺演出等活动培养学校、家庭、学生之间的感情；通过聘请家庭教育专家做报告，为所有家庭答疑解惑……

（一）学校家庭教育工作整体论述

1. 根植学校片区家长实际

　　学校通过调研家长职业信息和开展"百名教师访千家"活动，深入了解、分析学校家长情况和家庭教育现状，调研家长对家庭教育培训课题的需求，打造家长喜欢、需要、愿意接受的家庭教育课程品牌。

2. 遵循学生学段成长规律

　　学校课题小组深入研究、探讨《新基础教育学生综合改革指导纲要》，研究一至九年级不同年级、不同学段的年龄特点及成长规律，逐步绘制出"启心"家庭教育课程蓝图：暨小学低年级开发习惯类课程，小学高年级开发人格类课程，初中低年级开发方法类课程，初中高年级开发潜力类课程。

3. 构建"启心"教育课程体系

　　学校依据小学段和初中段不同年级的学生特点开发了1至9年级共12册"启心"家庭教育课程，一年级："一年级的好习惯""孩子需要这样学习"，二年级："注意力是知识的窗户""生活习惯早养成"，三年级："兴趣，是最好的老师""赏识你的孩子"，四年级："培养有人格修养的孩子"，五年级："亲子关系与家庭教育"，六年级："网络时代的家庭教育"，七年级："优秀的学生这样做",八年级:"新媒体对青少年成长的影响及应对策略",九年级:"激发孩子的内生力"(如图6-1所示)。

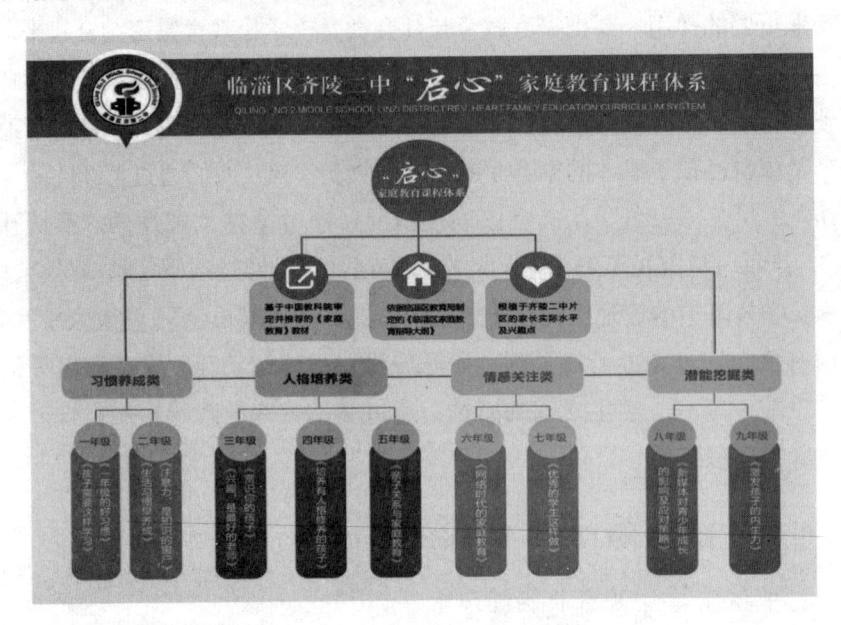

图6-1 临淄区齐陵二中"启心"家庭教育课程体系

4. 发挥家长课堂在助力家庭教育方面的作用

学校依据"启心"家庭教育课程体系,制定班级"家庭教育课程表",扎实开展家长学校课堂。通过实践探索,不断追求家庭教育培训实效,形成了"必修+选修+自学+反思"3+1"启心"家庭教育课程培训模式。"3"是指必修课程、选修课程、自学课程,"1"是着眼于构建适合自己家庭的家庭教育模式。其中,"必修"课程是开展教育政策、规范办学及家庭教育理念方面的培训;"选修"课程是依托"启心"家庭教育课程,按照"家庭教育课程表"进行授课;"自学"课程是在"启心"家庭教育课程体系引领下,通过微信平台、纸质宣传和网络推送等方式,以家长自学为主的课程;"反思"课程是家长经过"启心"家庭教育课程系统培训,构建了适合自己家庭的家教模式。

5. 家庭教育课程开发、实施及主题活动的多元化

只有树立多元化课程开发理念,实现家长学校课程开发的先进性与前瞻性、实用性和弹性、开放性，才能实现课程的可持续发展。同样课程实施方式也需要多元化，我校运用了集中讲授、案例剖析、对话、现身说法、亲子互动、研讨交流、教材导读、家长互助、角色扮演、在线学习等多种方式进行家长学校课程的实施，收到了良好的教育效果。在课程主题上，学校根据家长教育需求和家庭教育规律，按照小学每个年段4个专题，中学每个年段3个专题，研发了从小学一年级至初中四年级（本地区为五四制）的9个年级的家长学校课程纲目设置，依年级设置家长课程主题。

（二）从培训实效看家庭教育工作开展的必要性

1. 帮助家长提高了家庭教育水平，树立起新的教育理念

家长来自不同的工作岗位，其受教育程度和教育子女的水平参差不齐。家长学校以其特有的授课模式，促进了家长家教知识的不断更新，普遍提高了家长自身的素质，普及了家庭教育知识，优化了家庭教育环境，促进了家庭教育科学化的进程。家长学校在一年里累计培训家长600人次，受训面达95%；评出优秀家长46人次，合格家长573人次。家校结合使我校家庭教育的整体水平有了较大提高，从我们的调查问卷、校园网上常常可以看到许多家长的学习心得。一位个体经营者家长在问卷调查的心得体会中写道："我以前只顾忙工作，忙打牌，很少过问孩子，以为孩子交给老师就行了，现在看来这是错误的，教育好孩子家长的责任更大。通过学习，我明白了当一名好家长是很不容易的。"一个具有大学学历的家长曾以为教育孩子只不过是"小菜一碟"，可教育孩子时也遇到了困惑。她说：通过家长学校的学习，我找到了自己教育孩子的问题症结，只有用科学的方法，因材施教，才能提高自己的家教水平，使孩子乐于接受自己的教育。

实践证明，办好家长学校，对转变家长教育观念，扩展家庭教育外延，树立新的理念，创新家庭教育方法，提高两代人的素质起到了较好的作用。例如，有的家长过去对孩子期望过高，总是给孩子安排过多的学习任务。通过学习，他们转变了观念，给孩子减压，制定实际的学习计划。有的家长言行不拘小节，有意无意影响了孩子，自己却痛恨孩子沾染了大人的恶习，现在终于意识到是自己"其身不正"，下决心"先正己"。有的家长过去不关心孩子的学习和生活，只顾忙工作，通过学习才明白父母应每天抽出时

间与孩子交谈，用心聆听孩子的话，用心观察孩子的活动。诸如此类，不胜枚举。

2. 加强家校联系，形成"启心"家庭教育课程，增强学校的育人效果

（1）家长学校领导小组为每位家长学员建立了档案，便于家校之间联系沟通。 自从我们开办家长学校以来，新生一入学，家长就开始到家长学校学习。学校为家长学员建立了专门的档案，其中详细记录着家长的学历、政治面貌、工作单位、联系方式、学生的个性特征（家长评价）、家长学习情况等，便于学校因材施教，也方便了家校之间联系沟通，随时解决各种问题。

（2）课题组根据各种有效信息开展研究工作，学校坚持每月举办一次家教理论培训班，学校分管领导、德育主任、班主任、家长等轮流担任辅导教师，共同学习、探讨教育子女的先进理念和方法。向家长宣传教育子女的典型事例、优秀方法，为家长倾吐心声，交流体会提供了自由的平台。学校每学期至少举办一两次家长开放日、召开一次全校规模家长会，让家长在教育孩子的同时，又起到了教学相长的作用。另外还鼓励家长来校访问，设立校长邮箱，开通"亲子共成长"热线电话。及时帮助家长解决在教育孩子过程中遇到的疑难和困惑。

（3）班主任及任课老师根据学生的日常表现定期发放家校联系卡，加强与家长的沟通与交流，方便家校双方的齐抓共管，与家长交换心得体会，共同探索教育孩子的新路。

（4）帮助特困生，"关爱女童行动"，到福利院为孤寡老人做好事等活动，过去一直是学生的"专利"，但现在社区、家长参与进来后，活动形式更多样，教育效果更显著。"家长学校"的开办，让广大的德育工作者更有可为。"学校千日功，不抵社会一阵风"的局面不再出现。"三结合"德育网络的逐步形成，给家长学校注入了新的生机和活力。

3. 转变教师的教育观念，提升了教师队伍的整体认识和家教指导能力。

通过组织课题研究，课题组的教师综合能力和各实验班的教师德育工作水平有了很大提高。广大教师根除了不注重家校联系，不重视开展各种

家校联谊活动的思想，教育孩子时更全面、客观地去分析问题，更注意考虑家长的教育期望值。许多班主任不再将开家长会开成"批判会"，将打电话打成"告状"，不再动辄对家长态度冷漠、粗暴，反之是交流时和风细雨，报喜电话让家长如沐春风，家长会中的师生、家长互动，上演一台精彩的德育节目。同时，广大教师在实践中认真贯彻新课程理念，努力提高教学水平，注重师生沟通，注意"蹲下来"倾听孩子的心声，教学日臻艺术化、人性化。教师的家教指导能力、组织能力以及撰写能力提高了。教师对课题研究的成果性论文不断呈现，同时也从中摸索出一系列规律，总结出了好的经验，丰富了教育理论。

学校重点培训了一批"家庭教育教材开发研究中心"和"家庭教育讲师团"成员，培养一支专业化家庭教育教师团队。学校在家庭教育师资培训方面，实施"请进来，走出去"战略。一方面坚持请家庭教育专家进校培训"家庭教育研究中心"和"家庭教育讲师团"成员，学校先后聘请教育中心李爽校长、家庭教育讲师团高江波老师等到校对教师培训；另一方面坚持让家庭教育教师外出培训，提升其家庭教育专业水平，学校先后派出50余人次教师到南京、长春、上海、北京、常州、大连、临沂等地市进行家庭教育培训学习。其中杨志伟老师在全国家长学校建设论坛做了典型发言，受到与会人员一致好评。

近几年，课题组成员有多篇论文发表，像王炳锋的《运用现代网络聊天工具，优化家庭教育课程模式》、杨志伟的《家庭教育课程资源的有效利用和开发》、刘宪成的《对当下中小学生家庭教育主要问题的梳理》、郝占峰的《微课程在家长学校课程建设中的实践与应用》、李丹的《家庭教育误区的消除策略研究》、燕翠翠的《家庭教育对孩子成长的影响分析》等等。

4. 全面提高了学生的综合素质，促进了学生和家长心灵的交融

根据具体的要求，学校每个月会评选"诚信少年""文明少年""爱心少年"进行表彰，同时利用班级QQ群和致家长一封信等形式通报给家长。并将优秀学生事迹在每周一的升旗仪式中向全校师生宣传。学生经常参加身边人的学习活动，营造了整个校园奋发向上的良好氛围，充分发挥了榜样引领的作用。

以上活动的开展引起了极大的反响，全面提高了学生的综合素质，促进了学生和家长之间心灵的交融。具体到红色教育，学校将之合理安排在整个家庭教育工作体系之内，潜移默化提升家庭政治觉悟和政治修养。

（1）注重熏陶，完善了家庭教育环境

在家庭中开展红色教育，通过集体的家长培训、家长座谈会等形式掌握其特点，引导家长正视历史事件，不断提高自身素质，在时事面前以坚定的政治立场给孩子以正向引导，为红色教育提供良好的家庭环境，做到有的放矢。在生活中，察觉孩子的言行、思想有所变化时，家长可以及时反映。如上所述，家长对孩子的教育具有诸多其他人无法比拟的优势，如将其正确的运用到家庭里的红色教育中去，可收到良好的教育效果。

（2）注重感染，优化了家庭教育认知过程

在家庭中开展红色教育，让孩子对其所包含的精神形成认知，必须要以马克思恩格斯、列宁、毛泽东、邓小平等马列主义的教育思想形成理论武装。通过学校引领，使得家长注重营造良好家风，关注政治生活，关注社会生活，懂得与孩子有效的沟通，有意识地引导孩子接触红色影视作品、诗词文献等，适时地讲述革命经典人物事迹，使孩子对红色革命史有所了解，对红色精神有所领悟。在日常生活中注意红色教育氛围的营造，借助重大事件及实事等话题对孩子进行红色教育的引导。如当前比较热门的话题：在中国，普通人家是否可以悬挂国旗？部分人认为不破坏不污损就可以悬挂，也有人认为根据国旗法的规定，不能悬挂。答案到底是前者还是后者，适当的与孩子翻阅国旗法进行了解，在普及法律常识的同时，可以培养孩子的爱国情怀。对南京大屠杀中日两国不同立场所持的不同观点、利比亚政变的前因后果、朝韩关系等国内外重大事件，用孩子能接受的语言，通过讨论、讲解等方式进行正向引导，以帮助孩子形成鲜明的、正确的政治立场及观点。为学校教育打下良好的基础。

（3）以德风感化，避免家长的权威性使孩子产生抵触情绪

通过讲述孩子成长史，引导家长理性看待孩子的成长过程，正视其心智的不断成熟，教育中家长与孩子应是平等的，而不再是我说你做，应以举事实、讲道理的方式，以德风感化使孩子从内心里接受教育内容。帮助孩子树立坚定的信念并适时地给予激励。配合学校在重大节假日进行红色旅游。

目前，很多学校会在清明节组织学生进行扫墓，国庆节举行升旗仪式等活动，家长应配合学校安排，在空余假期带孩子进行红色旅游。游红色故里，讲红色经典，体验当年革命前辈的吃穿住行，可以使孩子对红色历史有更直观的感受和认识。重走长征路等红色教育活动，有条件的家庭应支持孩子参加，不要怕孩子吃苦，有了吃苦耐劳艰苦奋斗的精神才能更好地独立生活。使孩子树立艰苦奋斗、勇往直前的革命信念，并不断激励其奋发向前，可以促使家庭中的红色教育形成良性循环，以达到最佳效果。

（三）社会应发挥其服务功能，为红色文化教育提供保障

1. 打造红色文化精品，以红色经典感召孩子

对于未成年人这个敏感而又特殊的群体，红色文化需要打造出一部分精品。由于未成年人的好奇心和接受能力都非常强，对于文化产物，他们往往会选择外在、形式、内涵都很吸引人的那部分。我们在为学生遴选红色教育资源时，应始终朝着使红色文化增强自身的吸引力的方向去做，对现有的传播方式和文化载体进行创新。一些纪念馆运用高科技手段，突破传统静态展示，向动态展示开拓，形成了红色文化展示方法的创新，将历史事件和英雄事迹使用蜡像、道具对场景进行还原，并在旁边配上影像资料，生动、全方位地向观众介绍。更有甚者，采用立体模型，运用声、光、电等新媒体技术，还原战争场面，气势恢宏，效果逼真，使人有一种身临其境的感觉，为学生留下了深刻的印象。

随着科学技术的飞速发展，信息技术使我们的生活越来越便利。网络这个新媒体也为红色文化提供了很适合的平台。我们针对未成年人的兴趣所在及身心发展特征，对红色文化的表现形式进行调整，利用学习强国等平台开设一些有趣的版块，例如红色影视剧、红色小游戏、红色动漫等，未成年人对这些产品更感兴趣，寓教于乐，在接受红色经典的洗礼和互动中接受红色文化教育。

2. 构筑红色文化产业链，使红色文化走进孩子的生活

在红色文化的众多表现形式中，红色旅游是其中很重要的一环。具体做法如下，一是在旅游行业现有的模式中，将红色文化融合进去，对红色

文化资源进行深入、透彻地挖掘研究，对红色文化资源进行有机整合，增加红色文化的核心内容以增强其吸引力与竞争力，同时又通过以旅游这条路对红色文化进行宣传和发扬，使它们两者互相依存，互相帮助，达到双赢的目的。二是增强红色旅游的特色，在原有的红色文化资源基础上，开发出寓教于乐的教学课程。由于我国抗战"农村包围城市"的特色，所以目前红色旅游资源丰富的地区大多在偏远山区，这些革命老区的风景都很秀丽，当地的乡土人情也有着当年革命时代的特色，这些对于游客都是很有吸引力的。三是在旅游的过程中增加一些润色的环节，如品尝红军特色饭菜，像当年的"红米饭、南瓜汤"；重走红军路，对于当年红军走过的地方特殊开发；设置其他的体验性、互动性的环节，增强红色旅游的吸引力，让青少年在旅游的过程中感受当年红军经历过的生活。四是扩大红色文化渠道，如电影电视、文艺表演、文学作品、红色网站、红色游戏等，比如电视剧中的《亮剑》《雪豹》，文艺表演中的大型舞蹈《东方红》，文学作品中的《林海雪原》《红岩》等等。

3. 加强学校与社会联合，充分挖掘当地红色文化资源

德育最重要的要素是动情。家乡的自然景观和人文环境的陶冶，必将在学生们茁壮成长中起到意想不到的特殊作用。地域文化涵盖的内容丰富而悠远，把弘扬地域文化作为推进德育工作、深化素质教育的重要契机，以对家乡地域文化深入挖掘为核心，结合时代特征，开发、构建特色文化课程体系，着力让学生了解地理概况和丰富的物产资源，学习悠久的历史文化以及深邃的民间艺术和民俗文化，同时不忘宣传现代工业和当代文化的辉煌与成就，引导他们切身感受家乡文化的丰富内涵，共同感受家乡日新月异的发展壮大，提升同学们奋发有为、积极向上的主动性和创造性，使这些充满活力的乡土气息像缕缕春风，走进孩子们的心田，走进孩子们的家庭，使学生在浓郁的文化浸润中得到滋养，培养他们以家乡为荣，以时刻准备好报效祖国为动力，发奋读书，自强不息，上下求索，不辱使命，真正成长为国家的有用之才。这也是我校开展这项活动的主要初衷。淄博是一个英雄的地方，有很多英雄人物，比如焦裕禄纪念馆，它由焦裕禄事迹展厅、新时期优秀共产党员事迹展厅、影像厅、多功能展厅四部分组成，通过文字、

第六章 打造"红心研习"党团队一体化精品课程

照片、书法、绘画、音像、群雕、实物等，真实形象而又生动地再现了焦裕禄同志全心全意为人民服务的一生。它丰富了纪念馆（故居）的历史文化底蕴，深化和拓展了教育内容，成为广大党员干部群众了解淄博党史，学习弘扬传承焦裕禄精神，接受勤政廉政、爱国主义革命传统教育的重要场所。比如在原山艰苦创业教育基地，核心为原山艰苦创业纪念馆，占地面积7500平方米，建筑面积5000余平方米，拥有原山艰苦创业纪念馆、原山党性体检馆、大熊猫馆、生态检察室、森林乐园、护林石屋、原山山脉大区域森林防火体系等二十多个现场教学点。基地现已挂牌国家林业局党员干部教育基地、国家林业局党校现场教学基地、全国国有林场场长培训基地、国家生态文化教育基地、山东省委党校现场教学基地等。淄博像这样的基地还有很多，比如山东原山艰苦创业纪念馆，是全国第一家系统展现国有林场艰苦创业、改革发展、敬业奉献的大型展馆，通过一件件实物、一张张照片，向每一位参观者讲述了原山林场建场近60年来保护生态、发展创新的历程。再比如马鞍山风景区，主峰海拔618米，是一个由粗犷雄伟的重峦叠嶂，潺潺的溪流，波光粼粼的水域，秀丽多姿的田园山庄及马鞍山革命抗日遗址组成的自然风景区。其山势峻峭，峰顶突兀，四周悬崖如削，只有山前一条石凿的132级的石阶小道能通往峰顶，易守难攻，实有"一夫当关，万人莫开"之险，故为兵家必争之地。山巅石峰高数十米，东西两顶相连，成凹形，远望状似马鞍，故名马鞍山。石峰四面悬崖峭壁，西南角有条石阶，狭而陡，似天梯，直达南天门，是通向峰顶的唯一险道。马鞍山周围峰峦起伏，山上林木苍翠，山下淄水蜿蜒，道路纵横交错，曾为历史上南北交通咽喉。1943年冬，淄博抗日战争史上有名的马鞍山保卫战就发生在这里。再比如618战备电台景区，618战备电台旧址风景区位于沂源县鲁村镇峨峪村北山，是国家3A级旅游景区，原为山东人民广播电台战备台，是华东地区规模最大、保存最完整的一处战备电台旧址，是省内重要的红色国防教育基地，淄博市首批研学旅行基地。还有朱彦夫事迹党性教育基地，这里是国家3A级旅游景区。目前，已建成朱彦夫事迹展览馆、朱彦夫旧居、张家泉夜校旧址等10余个景点，景区生动展现了朱彦夫同志艰苦奋斗的历程。朱彦夫同志是"人民楷模"国家荣誉和"最美奋斗者"称号获得者，是"全国优秀共产党员""全国道德模范""全国自强模范""全国敬业奉献模范"，是全国首位"时代楷模",被誉为当代"保尔·柯察金"。

综上,淄博的红色文化资源颇为丰富,学校应充分利用资源开展红色文化教育,每年可带领小学生前往陵园瞻仰、祭扫,可以为新团员举行入团宣誓仪式,让其成为爱国主义和革命传统教育的生动课堂。另外,其他红色文化遗址可以为小学生提供免费参观并义务讲解,用小学生可以理解和接受的传导方式,让其了解、认识红色文化,慢慢渗透使其融入小学教育中。在这个过程中,社会要充分发挥引导作用,加强与学校的合作,把培养目标明确化、一致化,使红色文化呈现出鲜活的表现形式。

【工作案例】

红色润童心　礼赞百年情
——山东淄博马鞍山研学方案

马鞍山位于淄川区淄河镇,主峰海拔618米,山巅石峰高数十米,东西两顶相连,成凹形,远望状似马鞍,故名马鞍山,是集历史文化、革命传统教育和自然风光于一体的省级爱国主义教育基地。1943年冬,淄博抗日战争史上有名的马鞍山保卫战就发生在这里。通过对马鞍山景区的参观学习,缅怀抗日先烈,接受爱国主义教育,激发学生的爱国主义热情;通过对廖容标、钱钧等开国将军撰文或题词纪念的大型摩崖石刻的了解学习,更加了解家乡的历史,从而更加热爱自己的家乡,热爱伟大的祖国。

琉璃被誉为中国五大名器之首(琉璃、金银、玉翠、陶瓷、青铜),有"世界琉璃看中国,中国琉璃在淄博"之说。中华文化琉璃创意园,是我们国内首家以琉璃作品为主题展示的项目。通过对陶瓷琉璃制品的参观学习,现场为祖国作画实践活动,让学生们学习到关于陶瓷琉璃的知识,感受到陶瓷琉璃文化的博大精深,以实际行动祝福祖国。

指导思想

深入贯彻《国家中长期教育改革和发展规划纲要》,全面推进素质教育,深化基础教育课程改革,让学生能在马鞍山研学旅行中接受爱国主义教育,激发学生的爱国热情,进而了解家乡的历史,体验不同的自然和人文环境,全面提升学生综合素养。

第六章 打造"红心研习"党团队一体化精品课程

课程主题

红色润童心 礼赞百年情

课程目标

礼赞百年党史,铭记马鞍山革命事迹,通过寻根红色文化之源,激发同学们的爱国热情和对大自然的认识与热爱。

将"爱国主义教育""生态文明教育""历史文化教育"紧密结合,让学生深刻了解社会主义核心价值观。

帮助学生树立正确的人生观、价值观、世界观,做一名"有梦想、有信仰"的时代新人和共产主义接班人。

培养青少年学生"参与、体验、调查、研究、思考、创新"的研学习惯,将崇高理想与现实学习生活统一起来,使之不断地与时俱进。

课程对象

四年级、五年级全体师生

课程时间

4月30日

课程内容(如表6-1所示)

表6-1

时间	地点	活动内容	备注
7:00	学校门口	乘车,讲述研学注意事项	
8:50	到达马鞍山	团建、纪律强化,组成学习小组	
9:00	马鞍山景区	一段红军路,一首红军歌	
10:00	马鞍山抗战纪念馆	听老兵讲解马鞍山抗战故事	
10:30	马鞍山抗战遗址	近距离触碰抗战历史	
12:00	中餐	粒粒皆辛苦	
13:30	中华琉璃文化创意园	参观陶瓷琉璃制品	
15:00	彩绘陶瓷琉璃	学生自己制作一件工艺品	
16:00	研学大巴	交流心得体会(留作业)	
18:00	返学校	返回温馨的家	

组织领导

组长：王炳锋

副组长：杨志伟 燕翠翠 陈 坤 路庆凯

组员：魏 娟 于国霞 贾云辉 商馨月 杨 康 李立军 周文东 李鹏武 周孟玉 谭晓峰 王 宁 刘国文 宋 超

活动原则

坚持教育性原则。精心设计研学旅行活动方案，确保每次活动立意高、目的明，活动前提前做好研学活动评价手册，带着目标开展活动。

坚持安全第一的原则。在组织研学旅行活动前，进行由家委会全程参与并表决的小型招标会，旅行社对自己的资质、活动内容、价格等进行表述，由家委会最终确定承办单位。学校与旅行社对接，制定详细的活动方案和安全应急预案，确保交通、饮食的安全。根据实际情况合理安排学生数量，针对活动内容对学生进行必要安全教育。学校领导、教师和家长志愿者参与全程管理。

坚持学生自愿的原则。学校公布研学旅行活动具体方案和收费标准，以班级为单位，由学生自愿报名参加，并且由学校和家长签订自愿报名参加协议，活动内容、活动时间及费用收支公开、透明，接受家长监督。

活动安排

前期准备。召开家委会层面的旅行社见面会，本次家长委员会研学旅行见面会本着公开、公正、透明的原则，依照现场说明、公示价格、投票表决三个阶段依次进行。由5家研学机构参加，42名家长委员会成员见证会议并全程录像。家长委员会经过充分研讨，现场对5家研学机构进行投票，最终投票决定由山东中利旅行社承担本次活动，并将此结果告知全体老师、家长、学生。

宣传发动。召开主题班会，宣传参加研学旅行活动的意义和目的，由学生自愿报名参加。

组织报名。发放《致学生家长一封信》和《研学旅行申请表》，取得家长配合与支持，班主任须凭家长亲笔签字确认的回执接纳报名，必要时要和学生家长当面确认。

登记造册，确定参与学生个人重要信息。

制定方案和预案。根据学生报名情况，与旅行社协商，制定具体活动方案，并制定安全预案，确保活动安全，有序进行。

第二节 红色学科课程

通过深入挖掘山东红色文化资源的精神内涵，编写独具地方特色与学校特色的校本课程、宣传册，促进山东红色文化资源的发展，对山东红色文化资源所体现的精神进行系统整合，落实德育课程，发挥德育功能，切实增强了山东红色文化资源运用于九年一贯制德育教育的系统性和规范性。

一、深入分析山东红色文化资源的内涵并挖掘其德育功能

山东红色文化资源蕴含着丰富的革命精神的同时，也蕴含着厚重的历史文化内涵。我们把山东红色文化资源作为当地中小学德育教育的重要资源，深入挖掘山东红色文化资源背后的深层内涵，将德育教育中的理想信念教育与山东红色文化资源相联系，对山东红色文化资源深层剖析，开发校本红色教育教材。

二、将山东红色文化资源编入教材，引进课堂

就目前而言，山东红色文化资源在中小学生德育教育中的作用发挥主要是借助于道法教材。而德育教材作为德育教育的关键，既是德育教育内容的直接呈现也是对德育教育内容的系统阐述。因此，我们应该在考虑到原有教材体系的同时，开发校本课程。

（一）我们结合中小学道法教材内容，通过对山东现有的红色文化资源研究成果进行分析比较，找出山东红色文化资源中适应时代发展，适用中小学德育教育内容的精神内涵加以分析利用。将山东红色文化资源中的英雄案例、历史、史实作为教材的补充，在不变动教材体系的前提下，运用当地红色文化资源，对统一的部编教材加以加工，融入本地特色文化，有

利于丰富课程内容，激发学生兴趣。

（二）将与中小学德育教育相关的山东红色文化资源内容设置为课后思考或实践活动，培养学生自己分析问题、解决问题的能力。学生在搜集资料的过程中，有助于进一步了解革命史实及背后的精神，并能够根据当今社会发展背景，将山东红色文化资源的内涵与时代发展结合起来，提出新的见解。这样的方式不但进一步挖掘了山东红色文化的精神内涵，也有利于将山东红色文化的精神内涵与教材结合起来帮助当地中小学生学习、实践。

（三）学校应积极响应政策，提升本校科研能力，开发具有本地特色的校本课程。在校本课程的开发中，除学校德育教育骨干教师以外，还邀请当地研究红色文化资源的专家、学者，邀请当地对红色文化资源比较了解的大学生加入进来。开发具有山东红色文化特点的德育校本课程。校本课程的运用，有利于丰富当地中小学德育教育内容，也为红色文化所在地的其他学校提供了借鉴。

三、在课堂教学中灵活运用山东红色文化资源进行德育教育

课堂永远是教育的主渠道，通过课堂中，老师口头的讲解，使得学生体会革命先烈身上值得我们学习的宝贵品质，道法教师的基本素养就有了很高的要求。

（一）道法教师在教学之前，提前对课程内容涉及的红色文化资源进行深入透彻的理解，抓住中小学生身心发展特点，有针对性的选取符合中小学生心理特点的当地红色文化内容进行系统梳理，为新课的讲解做好准备。在教学过程中，积极引导学生参与课堂，避免单纯的理论灌输。结合教材内容，系统性的阐述当地红色文化资源所体现的精神内涵，并结合社会热点与学生感兴趣的事例，深层次的对当地红色文化资源进行新的解读。以红色文化资源的历史为背景，引出德育教育内容，在讨论与思考的过程中，激发学生的积极性与主动性。

（二）德育教学过程应该采取多种教学手段。德育教育在教师口头阐述的基础上，应该将红色文化实践活动与理论教育结合起来。例如，带领同学们参观革命纪念馆、爱国主义教育基地，也可以邀请红色文化研究的专

家在学校举行讲座、演讲，可以播放红色文化相关的视频等，以多种方式让学生将红色文化实践活动与德育教育理论相结合。

（三）在提升教师素质，转变教学方法的基础上，应当注意课堂教学的实用性，同时要加强实践。将思想与行动结合起来，成为课堂教学评价的根据，借此提升中小学课堂德育教育的实效性。

四、组织编撰山东红色文化资源的读物和宣传册

我们把山东红色文化资源中适应于中小学德育教育的内容进行系统梳理，制成了符合中小学生兴趣爱好及身心发展特点的读物、宣传册，拓展中小学生的视野，丰富中小学生的课余生活，在潜移默化的过程中促进中小学生思想道德的培养。

（一）开发了极具吸引力的内容。在制作山东红色文化资源相关的读物或宣传册时，我们就区别于正规的德育教材，在内容设置的过程中，充分地考虑学生的兴趣所在，贴近学生的生活，以便激发学生的阅读兴趣。设计色彩鲜明，在叙述历史史实或英雄故事的过程中，语言生动且富有感染力。

（二）开发了多种多样的形式。例如根据山东红色文化资源的内容，可绘制战争路线图来展示在山东行进的路线，或以诗词形式为主，介绍毛泽东在山东境内所作诗歌，通过介绍诗歌的创作背景与体现的精神来丰富德育教育内容；或者以人物传记的形式，将英雄人物的故事概括介绍，弘扬革命时期英雄人物坚持党的领导，艰苦奋斗、顾全大局的精神。通过以上内容，丰富了中小学生课余生活的同时，也促进了中小学德育教育的发展。

（三）读物、宣传册的制作初期，我们先设置了试点班级，为宣传册的编制集思广益。同学们可以提出意见建议，学校在编制红色读物及宣传册时，适当采纳同学们的意见与建议，切切实实地促进红色读物及宣传册编制工作的顺利进行。

【工作案例】

《坚持国家利益至上》教学设计

学情分析	初中阶段是学生的世界观、人生观、价值观形成的关键时期。在这个阶段，帮助学生形成正确的国家利益观，引导他们正确处理好国家利益与个人利益之间的矛盾和冲突，对于初中学生的健康成长具有重要意义。学生进入初中阶段后，认知能力和思维水平有了很大提高，能够开始用联系的、发展的、全面的观点分析国家和社会现象。但是，他们的思想还不成熟，社会经验比较欠缺，对如何维护国家利益在认识上存在不少误区。比如，有人认为，只要是爱国，一切行为都是正当的，都应该肯定和鼓励；还有学生认为当今世界，各国之间的联系越来越密切，过于强调国家利益不利于国际交往，不符合世界发展潮流等。还有学生保守国家秘密的法治观念不够强，不能全面认识自己在保守国家秘密中所应承担的角色。在全球联系日益密切、价值观念日益多元化的今天，如何更好地维护国家利益，如何正确处理国家利益与个人利益的矛盾和冲突，是摆在每个人面前的重大而紧迫的现实问题。基于以上考虑，本框将设计多种活动，运用案例分析法、合作讨论教学法使学生在理性思维中产生思维碰撞，提高维护国家利益的意识，树立正确的国家利益观，使自己的爱国情感更加理性、深沉。
课程标准依据	本框题所依据的课程标准的相应部分是"我与国家和社会"中的"积极适应社会的发展"，"法律与秩序"。具体对应的内容标准是：感受个人成长与民族文化和国家命运之间的联系，提高构建社会主义和谐社会的责任意识；懂得维护国家安全、荣誉和利益是每个公民的义务。
教学具体目标	情感、态度、价值观目标：合法有序地表达爱国情感，能够主动为维护团结稳定的社会局面贡献力量；正确处理国家利益与个人利益的关系，树立维护国家利益至上的意识。 能力目标：学会在复杂的社会生活中做出正确价值判断和选择，正确看待生活中不同人表现出的国家利益观念和行为；能够正确处理国家利益与个人利益的矛盾和冲突，提高社会实践能力。 知识目标：理解国家利益与人民利益的关系，懂得国家利益是人民利益的集中表现；知道要做到坚持国家利益至上，在思想上必须树立维护国家利益意识，在行动上要以国家利益为重，同一切损害国家利益的行为作斗争。
重点难点	重点：如何捍卫国家利益。 难点：如何捍卫国家利益以及国家利益和个人利益的关系。

教学过程设计

教学环节	教师活动	学生活动	设计意图

第六章 打造"红心研习"党团队一体化精品课程

续表

开放的导入	有一种感动,叫"祖国带我回家"! 播放视频《辉煌中国》之中国式撤侨。 学生:分享观点。 教师:国家强大,人民才能幸福;国家强大,人民才能安全。然而国家的强大,谁来奋斗?国家的利益谁来维护? 这就是我们今天将要探讨的话题——坚持国家利益至上	学生看视频,展示分享自己的观点。体会到国家的强大,作为一名中国人很骄傲、自豪。	通过观看视频,让学生感受到国家利益与个人的前途、命运息息相关。只有国家繁荣富强,人民才能幸福安康,内心就感到自豪和骄傲。
核心过程推进	第一篇章:不忘初心——树立维护国家利益意识 过渡:浪的执着,礁的顽强,民的本分,兵的责任,岛再小,也是国土,家未立,也要先国安。请同学们观看视频感动中国人物——王继才,请看视频。 学生:观看视频。 (一)播放录音:一天的坚守或许不难,一年的坚守弥足珍贵,王继才夫妇用32年的坚守诠释了初心的伟力,震撼着无数国人。 探究与分享: 王继才夫妇的哪些优秀品质让国人震撼? 学生:热爱祖国、把国家利益放在第一位、勇于承担责任等优秀品质。 通过与学生一系列的互动,捕捉、生成,加以引导,出示感悟(1): 王继才夫妇这些优秀的品质浓缩为:坚持国家利益至上,要心怀爱国之情,增强维护国家利益的责任感和使命感。 过渡:带着维护国家利益的责任和使命,王继才开始了每天在岛上的生活。 (二)播放录音:每天两次巡岛,护航标、写海防日志。32年来,这样的工作流程重复了11000多次。每每听	认真观看视频,思考交流了解王继才的感人故事,思考王继才夫妇的哪些优秀品质。 学生畅所欲言 学生积极思考,并能学以致用,让学生认识到对祖国心怀爱国之情,牢固树立国家利益至上的观念是每一个中国人的常识也是底线。	从视频中获取有效信息。用优秀人类文化和民族精神陶冶学生心灵,提升学生人文素养和社会责任感。 引导学生认识到王继才坚守孤岛、舍小家为大家的爱国主义精神是对国家利益至上的最好诠释。从而感受先进人物的爱国情怀。引导得出感悟(1)。 通过对材料的探究,让学生更直观理解当

079

续表

到海防形势有变化时，王继才就自觉加强巡逻，有时深夜还去巡岛一圈。他对妻子说：这阵子，不多走一遍巡逻路，心里不踏实，睡不安稳！ 探究与分享： 和平年代，你认为有没有再守岛、守疆的必要？为什么？ 学生：分组讨论交流后回答。 通过与学生一系列的互动，捕捉、生成，加以引导，出示感悟（2）： 教师：守岛、守疆是非常有必要的，守岛守疆有利于捍卫国家的主权和领土完整，不守岛、守疆违法分子就会肆意妄为，历史的悲剧也可能重演。正所谓生于忧患死于安乐，无论是战争时期还是和平年代，坚持国家利益至上，要树立和增强危机意识和防范意识。 过渡：岛上生活并不是一帆风顺的，王继才在守岛的过程中遭遇了什么呢？ 第二篇章：砥砺前行——捍卫国家利益 （一）播放录音：开山岛的自然环境十分恶劣。不少犯罪分子对小岛虎视眈眈，用金钱诱惑王继才，甚至威胁他的生命。王继才说："不干净的钱我坚决不要，违法的事我坚决不干。"守岛期间，夫妻俩都患上了严重的关节炎等多种疾病；错过了儿女的成长，错过了大女儿的婚礼。父母先后病重离世，他没能守在身边。2018年7月27日，王继才在执勤期间突发疾病，生命定格在58岁。 探究与分享： 1. 王继才在守岛的过程中遇到了哪些困难？ 学生：回答。 2. 面对这些困难，材料中的他是如何选择的？ 学生：回答。	看材料小组内讨论交流，整理思路，举手发言其他同学补充发言。 分享观点：岛屿、边疆地区是我国领土我们要守护、捍卫它。	今世界并不太平，影响国家安全发展的内外因素比历史上任何时候都要复杂，我们要对危害国家利益、威胁国家生存发展的行为时刻保持警惕。得出感悟（2）。 让学生体会国家利益只有反映人民利益，依靠人民艰苦奋斗，才能得到真正地实现。 通过视频、阅读材料了解王继才遇到的困难以及怎样解

续表

3. 他的选择给我们的启示是什么？ 学生：分组讨论交流后回答。 通过与学生一系列的互动，捕捉、生成，加以引导，出示感悟（3）： 教师：以国家利益为重，把国家利益放在第一位，坚决同一切损害国家利益的行为作斗争。 有时需要放弃个人利益，甚至要献出自己的生命。 （二）探究与分享：为了国家利益，王继才坚守孤岛32年，舍小家为大家，体现了国家利益与集体利益、个人利益之间的什么关系？ 感悟（4）：国家利益与集体利益、个人利益既有区别，又相互联系。国家利益是整体利益，集体利益、个人利益是局部利益。从根本上说，国家利益与集体利益、个人利益是一致的。 过渡：王继才用自己的行动诠释了他的爱国之心。生活中也有人这样爱国。 （三）阅读材料：钓鱼岛争端事件引发了中日两国人民的游行活动，在我国的游行活动中，打砸烧掉了一些已归属中国人民个人财产的日产汽车。 探究与分享： 以上行为是真的爱国行为吗？你如何看待这些行为？ 通过与学生一系列的互动，捕捉、生成，加以引导，出示感悟⑤： 教师：从中我们明白爱国不是为所欲为，不是目无法纪，不是言行冲动，用理性、务实、文明的心态，合法有序地表达爱国情感，维护国家利益。 （四）爱国故事会：王继才是理性爱国的，中国还有无数个王继才们理性爱国。请大家分享你所知道的不同时期、不同领域涌现出的不同的爱国故事。	学生阅读材料，思考问题，教师引导，学生回答，交流分享。 学生展示：自然条件恶劣、缺席儿女的成长、父母的离世、犯罪分子的威逼利诱、执勤时突发疾病等困难。 小组讨论交流，师生互动，其他小组做好补充。 学生回顾所学，总结并落实在教材上。 学生根据王继才事例得出国家利益与个人利益的关系。	决困难，激发学生在生活中的爱国热情，以国家利益为重，坚持国家利益至上。 通过小组交流讨论，掌握了王继才的选择给我们什么启示，通过互动、讨论，得出感悟（3）。 通过案例得出无论何时何地都要把国家利益放在首位，正确处理二者的关系。得出感悟（4）。 通过生活中的真实情景钓鱼岛事件发生后中国观众的反应，结合时代发展趋势、道德与法律等方

...081

续表

教师：正是有了千千万万爱国志士的自强不息和艰苦奋斗，才有了今天的中国，才有了我们今天的幸福生活。 第三篇章——方得始终 教师：让我们回顾一段历史，追寻未来。 （一）播放视频：《奋斗》 看了这段视频，你有什么感受？ 学生：回答（三到四个学生回答）。 教师：昨天先辈们爱国的呐喊仍在耳畔回响，今天我们爱国的脚步从未停止。生命不息，爱国不止！ 过渡：坚持国家利益至上，实现中国梦与每个人的利益息息相关。 （二）实践平台：在祖国72岁生日到来之际，此时此刻，新时代的你们，坚持国家利益至上，你应该做些什么？（歌曲响起） （三）思维导图小结：结合思维导图总结本课，在思想上贯彻维护国家利益至上的观念，在行为上坚决捍卫国家利益。 （四）总结升华：有了国家，才有了幸福的我们；有了我们，国家才会越来越繁荣强大！希望同学们能够学以致用，在生活中时刻坚持国家利益至上，保护好我们的国家！最后，让我们以一段诗歌来祝福我们的国家越来越好！ 课件展示： 我的祖国 　鲜花般美丽的祖国 　从你的精神里 　从你的蓝图中 　我读懂了燃烧的灵魂 　开拓辉煌明天的艰辛 　我的祖国 　从边疆到海岸 　有你的娇娆美丽	学生活动：小组合做学习分享：打砸行为扰乱了社会治安损害了他人和社会利益，应当受到法律处罚。简单抵制并非良策，损害国家形象。爱国不是将拳头砸向自己的同胞。 学生回顾所学，总结并落实在教材上。 学生展示不同时期、不同领域涌现出不同的爱国故事：杨靖宇、林则徐、鲁迅、黄旭华、抗疫英雄等人物故事。 观看视频教师引导，学生回答，交流分享。 学生在便利贴上写好到讲台前展示：在日常生活中，我	面讲解，让学生明白要用理性、务实、文明的心态合法表达爱国情感，得出感悟⑤。让学生懂得如何表达爱国情感。 通过讲爱国故事进一步培养学生的爱国情感。 观看视频《奋斗》感受先辈们激情燃烧的岁月。我们必须肩负起建设祖国的重要使命，励精图治，奋发图强，将我们的祖国建设得更加繁荣昌盛。 引导学生从日常生活做起，从身边小事做起，用实际行动去爱国，维护国家利益。 凸显知识点的

续表

	我怀揣质朴的情感 将满腔的深情遥寄 愿祖国更加繁荣璀璨	们要自觉遵守道德和法律，积极维护国家团结稳定的局面。了解了国家利益与个人的关系。树立维护国家利益的意识。 学生有感情的朗诵诗歌。	关键词部分，总体把握本节所学内容，明确本节课的知识网络和板块结构。 引导学生去践行、升华本课知识。

板书设计	坚持国家利益至上
	├─ 树立维护国家利益意识
	│ ├─ 心怀爱国之情，树立国家利益至上观念
	│ ├─ 增强危机、防范意识
	│ └─ 增强维护国家利益的责任感和使命感
	└─ 捍卫国家利益
	    ├─ 以国家利益为重，把国家利益放在第一位
	    ├─ 献出自己的生命
	    └─ 同一切损害国家利益的行为作斗争			

课后反思	本课内容在教学过程中分三大篇章：不忘初心——树立维护国家利益意识、砥砺前行——捍卫国家利益、方得始终。以王继才守岛过程中体现的优秀品质、遭遇的困难及启示为线索，从思想和行为上阐明如何坚持国家利益至上，旨在帮助学生懂得坚持国家利益至上所需要的思想意识和行动要求。通过每部分内容对王继才的个人精神和行为的解读，实现推人及己，最终落实到学生的思想情感和行为上，教会学生如何在实际生活中合理表达自己的情感，以正确的行为方式来捍卫国家的利益。最后在共和国生日到来之际，学生完成"在国旗上写下你的承诺"的形式，将课堂所学内化为自身的感受，达到道德与法治课堂的情感态度价值观目标。 本次讲课也出现了很多不足，课的细节设计还不够精准、精细，整体吸引力需要提高。在片段衔接中，处理也不够细致紧密，整体感还要提高。其次是课堂掌控力不足，语言组织、应变掌控的能力欠缺，在技术处理、技巧把握、调动课堂氛围、提高讲授质量上做得不到位，需要大力的总结提升。			

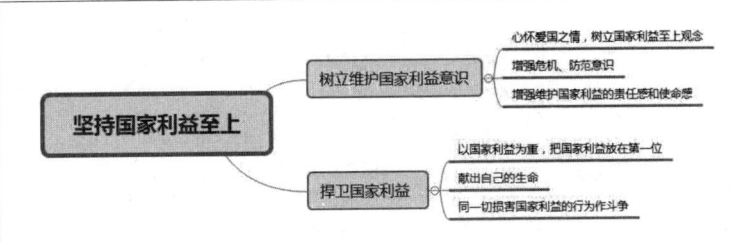

第三节 红色信念课程

　　信念蕴藏着强大的精神动力，信念对人类而言，是必不可少的精神食粮。它指引着人们的思想并决定其行为、提升人的精神世界，在困境面前给人以积极的心态和敢于挑战的勇气，因此人类的精神世界不能缺少信仰。我们的信念教育主要分为社会教育、学校教育和家庭教育。三位一体的信念教育模式共同影响中小学生信念的形成，社会层面是大环境，与之相对的微观环境是家庭教育，学校教育是主体，是连接社会与家庭的桥梁，除此之外，课题组通过参考相关著作，根据自己的理解将三者之间的关系以及其对中小学生的影响作用（如图6-2所示）。

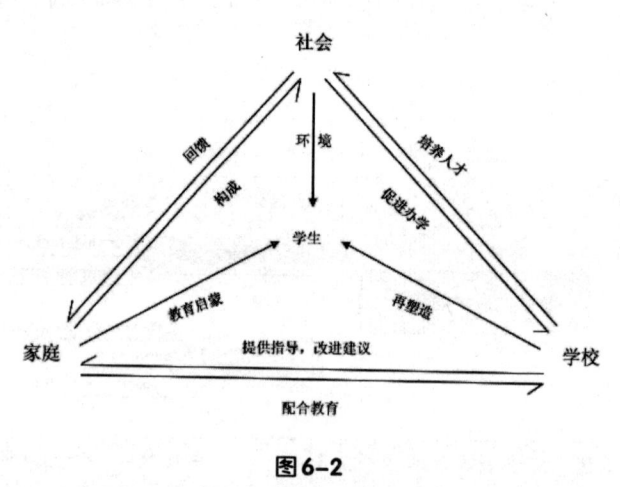

图6-2

　　除了社会、学校和家庭三位一体的教育体系之外，我们更加注重中小学生自我教育能力的培养，原因在于信念教育是精神层面教育，并不如其他课程教学的可测性，更多的是受教育者自身的内化，所以信念教育能否达到理想效果，归根结底取决于受教育者本身内化程度的高低，决定其本身内化程度由中小学生基本素质、理想信念程度和参与积极性三大因素组成，课题组认为对中小学生自身内化能力的培养最为重要，将中小学生层面单独列出，和社会、学校、家庭并列进行论述。

一、社会层面

(一) 充分融入当下良好的社会道德环境中

充满爱与和谐的社会，能够无形中让学生树立正确的理想信念，相较于父母和老师的教导，陌生人的举动更能让学生感受到社会的道德水平。首先学校加大公益宣传，无论是利用杂志、新闻、广告，还是公益节目，都要宣传社会道德，让中小学生关注维护社会公平和正义、推动社会进步和发展，发现身边的善与美，使青少年重视精神领域，提高道德修养。

(二) 强化青少年的社会主流意识形态

新形势下，我国面临多种思潮的挑战，中小学生易受社会影响，很难树立正确信念，所以学校要引导学生做好社会主流意识形态的强化，通过学科课程渗透和课外各种类型的活动，让学生从小坚定"四个自信"，认识到社会主义道路的优越性、社会主义理论的科学性、社会主义制度的稳定性、社会主义文化的悠久性。通过正面的宣传和引导，让学生真正认同、选择和学习，在通过丰富中国化理论成果的过程中，学生有融入感。加强主流意识形态的包容性，在适应社会群众思想的同时，考虑到学生青年群体，以确立信念"一元化"为前提，吸收中外文化优秀品质，兼容并包新时代特征和实践经验，强化社会主流意识形态。

(三) 充分发挥网络积极作用

网络已经成为人们基本生活媒介，可以说现如今的每个人离不开网络，夸张地说，网络媒体就是虚拟社会，它对于中小学生的影响有不容忽视的力量。由于网络媒体是人人发声的平台，就存在着良莠不齐的缺点，现如今的自媒体时代高举个性的大旗，想尽办法地吸引眼球与关注，对中小学生的影响很大。网络自媒体时代也很难获取全面的信息，信息的传播带有个人的立场偏好，但是人人发声的时代，完善了认知，也弥补了公众的知情权。

因此，学校要发挥教育引导作用，家校合作，针对中小学生的身心特点，创建合适的社交媒体平台，过滤影响中小学生身心健康的网络信息，对中小学生接收的信息进行有效管理，利用好网络媒体。

二、学校层面

(一) 坚持课堂主渠道教育

在道法课堂中落实信念教育,既发挥教师的主导作用,又突出学生的主体地位,增加课堂教学的趣味,加深中小学生对信念知识的热情。信念教育相对其他学科知识更抽象,对学生领悟能力有一定要求,学习起来较困难,因此我们的教师在教学中发挥主导作用,在课堂教学中引导学生自主思考,加强学生学习的趣味性。同时发挥学生主体作用,教师在引导的同时进行设问,让学生通过自身经历和时间回答问题,围绕着学生展开教学,使学生加深对知识的掌握程度。

同时老师们是推进信念教育的掌舵者,在教学过程中通过教学经验创新教育方式,有效利用现代化教学手段,能够达到事半功倍的效果,在课堂教学中,使用PPT辅助教学,将抽象的信念内容以事例、人物形象、时事新闻等形式展现,更易于学生理解。同时以实事求是的积极态度回应学生问题,面对现实敏感问题不回避,真正发挥课堂教学优势,使学生不再困惑,激发学生学习热情,使学生坚定信念。除此之外,老师们还在课堂教学内容中下功夫,道法教育的时代特点要求教师不能只讲书本内容,需要教师灵活摘取时事热点问题、联系党和国家的实际发展,将这些问题、事件加入课堂教学中与学生讨论,培养其关心国家发展习惯,为党和国家培育新时代民族复兴的接班人。

(二) 丰富信念教育内容

毛泽东同志指出,"要把马克思主义当作工具看待,没有什么神秘,因为它合用"。如何能够使其成为合用的工具,重点在于如何让中小学生接受并相信。我们始终以中国化为理论核心,让学生初步了解共产主义理想是什么,并引导中小学生将自身与信念结合起来;最后向中小学生介绍共产主义在世界各地的起源和发展。试着从当代中小学生的视角理解信念并向其阐述,这样既丰富了信念教育内容,又使中小学生的信念教育顺利进行。

（三）发挥教师榜样作用

教师是榜样育人的职业，在向学生传授知识的同时，更以自身道德素质影响其发展，可以说知识的传授远没有教师人格影响来的深远，榜样育人是不可或缺的教学手段。教师们不仅是授业者，更是示范者，其言行是学生学习和模仿的榜样，教师虽不决定学生发展，但影响其成长和未来发展高度，更影响其信念的选择，因此教师应在各个方面严于律己，发挥自身影响作用。

一方面，加强师德师风建设，教师们在思想上坚定信念，不仅在课堂上让学生学习知识，更在课余生活中与学生建立信任关系，使其产生拥有共同信念的愿望。另一方面，教师在教学中以身作则，为学生树立榜样，将自身经历、信念的初衷与学生分享，使其增强共感能力，在传授知识的同时无形中塑造自身价值与形象，这样可以达到事半功倍的效果。

（四）营造良好校园环境

校园环境是中小学生信念的载体，更是中小学生有效交流的小型社会，因此营造良好校园环境能够有效帮助中小学生树立信念。中小学生能够在校园交流中袒露自己的真实信念状况，在与同龄人的交流中抒发个人想法，在交流中可以让已有认识逐渐升华，最终成为信念，这是信念确立过程中重要的环节。在日常校园生活中营造良好文化氛围，通过创设国家节日、纪念日庆祝活动烘托爱国主义、民族精神和集体主义，不仅促进校园文化建设，更为中小学生树立信念打下坚实基础。通过建立学生社团组织，促进学生之间交流，增强学生参与性，以历史文化、社会主义观念为主要内容，让学生接受优秀文化熏陶。

三、家庭层面

利用家长学校，充分发挥父母作用，优化家庭育人环境，做到与学校教育的配合工作，继承中华民族优良传统，将家庭教育中的家风家训坚持到底，成为当代中小学生信念教育的催化剂，为中小学生树立信念教育奠定良好基础。

四、学生层面

通过各种各样的活动，培养中小学生人文历史知识底蕴、哲学知识、美学能力等文化素养和诚实守信、勇敢坚强、勤奋爱学的良好道德品质，以及健康的心理素质。

【工作案例】

让崇尚英雄成为时代风尚

当下文化多元化，整个社会热衷于"浮躁"文化、"追星"文化，这直接影响性格成长完善期的孩子们，特别是不少孩子不知道几位国家英雄，但对娱乐明星却如数家珍，小小年纪就有了追星的心思，这是可怕的现象。让崇尚英雄成为时代风尚，这是家校社一致的追求，为此我们开展了以"崇尚英雄，精忠报国"为主题的系列活动，引导学生树立正确的价值观，让学生铭记英雄，发现身边的英雄，争做当代英雄。

班会课上现英雄

5月21日班会课上，各个班级集中观看了《崇尚英雄 精忠报国》宣传片，虽然只有短短两分多钟的时长，但是宣传片中的画面、文字却深深震撼着队员们。辅导员重点解读英雄内涵，是临危不惧拯救乘客的川航机长，是暴雨中仍在指挥交通的警察叔叔，是冲向大火中勇救居民的消防员……将英雄与社会典型事件结合，引发学生对英雄的崇敬之情，通过诵读许晓轩等英雄的革命家书中，让学生们走进英雄的内心深处，感受英雄的信仰、坚守与情怀。

文艺演出颂英雄

"松柏依旧，诉说着你们的坚贞。大河滔滔，歌颂着你们的伟岸。牺牲的英雄们啊，你们用鲜血渲染了国旗；用生命唱响了颂歌……"学校报告厅响彻着激昂的歌颂声，令人震撼不已，家书诵读、演讲、情景剧……节目轮番上演。看，那敌不可挡的气势；听，一句句坚定有力的话语；思，故事背后的英雄情谊。在一场振奋人心的"崇尚英雄 精忠报国"文艺展演中，学生情感得到极大的抒发，营造出浓浓的学英雄氛围。

红色基地访英雄

为了激发青少年的红色激情，学习历史的骄傲，少先队员们还相继来到红色教育基地——北海银行进行研学旅行探索。我们邀请北海银行地下印刷所管理人员作专题报告，带领学生参观北海银行，观看相关历史图片等资料，倾听了革命故事，瞻仰了革命文物，强化了李人凤生平事迹印象，了解北海银行始末，享受到了英雄文化的熏陶。

家族故事话传承

从小到大听过、看过无数英雄的故事，英雄并不遥远，英雄，是平常日子鞠躬尽瘁，是普通人拥有一颗伟大的心。学校组织学生收集自己家族中不同年代的报国故事，老物件、英雄家风，是一件流传了好几代的破旧军装，是爷爷一遍又一遍讲过的家族故事，是警察爸爸在岗位上舍身救人的英雄事迹……这样的活动引导学生将崇尚英雄、精忠报国与个人经历、家族传承有机结合起来。英雄，就在我们身边。光荣，必当传承。

此次活动，让学生了解了英雄的历史，在学生心中播下英雄文化的火种，培养了学生英勇刚毅的信念，激发了学生们的爱国情怀。

第四节 红色实践课程

学校按照教育部《示范性综合实践基地综合实践活动指南》，依据教育部等11部门发布印发的《关于推进中小学生研学旅行的意见》、深度融合《中国学生发展核心素养》，结合教育部印发的《完善中华优秀传统文化指导纲要》，积极探索构建校外研学、校内实践教育新机制。实践证明，学校对国家政策的积极响应，让莘莘学子分享了"德育红利"。

作为一所九年一贯制学校，在"精和文化"的引领下，学校充分利用周边实践资源，融合中国学生发展核心素养，构建齐陵地域特色的四季育人活动体系，精心制作实践育人活动版图。

挖掘具有"人文底蕴"的人文类资源，如管仲纪念馆、古车博物馆、东方金字塔、齐文化博物院等，开发具有人文底蕴价值的"春季"实践育人活动体系；挖掘具有"科学精神"的科技类资源，如美菱水厂、天齐渊地质景区、临淄青少年科技馆、农垦种植基地、农俗博物馆等，开发具有科学精神价值的"夏季"实践育人活动体系；挖掘具有"责任担当"的责任教育类资源，如革命烈士纪念馆、中国党史纪念馆、颐康养老院等，开发具有责任担当教育价值的"秋季"实践育人活动体系；挖掘具有"健康生活"的健康教育类资源，如足球博物馆、太公植物园、紫荆山、马莲台等，开发具有健康教育价值的"冬季"实践育人活动体系。

具体到课程设计上，力求根植当地文化，注重本土文化特色，课程内容体现乡土化、民族化、校本化。在课题组反复实践、钻研、再实践的基础上，最终确定了"核心素养育人目标→研学课程准备→校外研学实践探索→校内德育实践活动策划→传统文化典故→课程链接"六环一体化德育模式，在校内外实践的过程中起航、锤炼、拓展、升华，遵循实践感受、实践领悟、实践锤炼、实践升华的作用机理，进一步深化其内涵发展，"启心研学·四季育人"活动课程应时而出。

创新实践育人的运作机制是完善实践育人工作的关键和核心。一是强化管理体系，校内各部门联动，全员化参与，形成由"学校统筹规划—德育处具体实施—班级自主开展"的实践育人三级管理体系。二是完善课程评价，注重课程实施的过程、结果及目标的达成，注重学生的内在收获和体验，进行过程评价，实行等级评价。三是打造校外实践育人品牌基地，根据基地特点，积极探索互动式、体验式、参与式等教育形式。四是培养和塑造实践育人的品牌教师，加强教师的专业培训，提高实践教育的专业素养和水平，引进有实践经验的高级教师以座谈、讲座的形式进行专业化指导。

教育要通过生活实践才能焕发出力量而成为真正的教育。诚如是3年，近4000人次，人均40千米，遍访60余场次……九年一贯制农村学校人在牛山淄水这片热土上，走出了四季育人大数据。回首过去，我们深感欣慰而自豪。四季育人的活动理念已经渗透到全体师生以及家长的心灵当中，极大地丰富了校园文化，我校也因此被评为淄博市第二批德育品牌学校。

以上是我校在基于齐陵地域特色的研学旅行工作中所做的一些探索和思考，为了总结提炼我校研学实践的经验和模式，更深入地推进我校研学旅行工作，在领导班子的反复论证中，我们决定扩大研学旅行范围，提升研学旅行的内涵品质，定点四个特色城市，打造四条精品路线，分别是威海刘公岛→中国甲午战争博物馆→鲸园小学→科学技术馆的海洋梦一线、曲阜孔府→孔庙→孔林→汉魏碑刻陈列馆的文化梦一线、临沂蒙山→地下银河旅游区→云蒙湖→孟良崮的励志梦一线、济南地质博物馆→气象科普馆→科技馆→药乡林场的科技梦一线，涵盖海洋教育、爱国教育、人文教育、革命教育、生态教育等各个方面，力求真正让行走中的课堂绽放其应有的光彩。

具体到红色教育上，我们则扩大范围，聚焦山东作为革命老区的光荣传统这个历史事实和在那些艰苦卓绝的革命岁月中，镌刻下的历史记忆以及精神财富。

山东省委党史研究室资料显示，1945年底大反攻胜利结束之时，山东共产党组织领导的抗日根据地，有3500万人生活在解放区，占党领导的全国解放区人口的三分之一；人民军队33万余人，占全国人民军队总数的四分之一；党员30多万人，约占全国党员总数的四分之一。解放战争期间，山东人民为前线输送了95万多兵员，出动1106万多人次。

我们在理论学习的基础上，通过社会实践对学生进行红色德育教育。尤其重视本地红色文化资源相关的德育教育实践带来的现实意义，促进山东红色文化资源德育教育社会实践的开展。运用多种形式，开展让学生感兴趣的活动，增强山东红色文化资源相关的中小学德育教育活动的实效性。

一、建立红色文化资源教育教学实践基地

（一）与北海银行、焦裕禄纪念馆、孟良崮纪念馆、临淄革命烈士陵园、618战备电台、马鞍山红色风景区等红色教育基地建立联系，让学生身临其境，感受中国共产党抗战期间的困难与艰辛，感受不退缩、不放弃，坚信革命胜利的那一段历史时，学生无须老师的引导，也会被革命先烈艰苦奋斗、自强不息的顽强意志，全心全意为人民服务、将党和人民的利益置于首位的精神所折服。中小学德育教育实践基地的建立，创新了中小学德育教育的方式，丰富了当地中小学德育教育模式。同时，有意识地将山东红

色文化资源中所体现的精神内涵与德育理论结合起来，同时也培养中小学生爱国主义情怀、集体主义观念、吃苦耐劳的品质等等。

（二）注重与兄弟学校间的红色文化资源共享。加强学校与学校德育教育基地资源共享。学校德育教育骨干教师共同协作，互相探讨对红色德育实践基地的利用方法，共同推动德育教育方式创新，开拓红色文化资源运用的思路。除教师以外，在实践活动中脱颖而出的优秀学生代表，可以以分享会的形式进行相互交流。

二、组织学生参观山东红色遗址

山东红色文化资源内容丰富，分布广泛。组织学生参观山东红色遗址，有利于中小学生将德育教育的理论与实践结合起来，促进德育教育的直观性与感染力。

（一）带领学生参观革命遗址遗迹，通过社会实践有助于学生将中小学德育教育的理论灌输与生活实际结合起来。学生通过参观山东红色文化遗址，聆听老一辈的事迹，将德育教育中提及的理论与当时的背景结合，在理解德育教育与红色文化精神内涵的基础上，联系社会实践，总结新时代所赋予红色文化新的价值内涵，促进个人的全面发展。

（二）充分发挥红色文化资源的育人功能。参观的同时通过书写参观感想，谈谈自己通过参观展览有什么感受，说说自己的所见所闻，详细对纪念馆内英雄事迹与历史史实进行学习，树立正确的世界观、人生观、价值观，坚守理想信念。将自己的感受与见解与他人分享，通过红色文化实践活动加深对德育教育的理解。

（三）在开展红色文化资源相关的德育社会实践时，学校还制定实施德育教育社会实践的考核标准。将社会实践的考核与德育教育理论知识方面的考核结合起来，借此保障以红色文化资源为载体，开展德育教育实践的实效性。德育教育社会实践的考核，不仅仅要以实践后的感想、报告作为评判的依据，还要以学生的日常道德行为作为评判的依据。通过将社会实践的考评机制纳入德育教育中，有利于中小学生德育教育实践性的提升。

三、引导学生积极参加红色资源讲解队伍和志愿者活动

学校积极鼓励学生加入红色资源讲解队伍，引导学生积极参加志愿者活动。不仅能够充实志愿者讲解队伍，而且能使得学生的思想道德素质得以提升，有利于中小学生文化、审美、与人交际等方面能力的提高。通过学习红色文化资源相关知识，在熟练记忆的基础上，有条理、有情感地传达给听众，在史实的叙述中，语言要有感染力与号召力。这不仅仅加深了中小学生对当地红色文化资源的了解，而且有利于将红色文化资源的内涵价值融入中小学生的血脉，净化中小学生的灵魂，真正实现"内化于心，方能外化于行"。

四、开展相关山东红色文化资源活动加强德育教育

中小学生通过参与山东红色文化资源相关的德育活动，将理论与实践、主观与客观结合起来，以重要纪念日为契机，开展红色主题教育，创新红色文化资源活动开展形式，促进中小学生领悟红色精神，增强对红色精神的认同感。

（一）以重要纪念日等为契机在中小学开展红色主题教育

以重要的纪念日作为契机在中小学开展红色主题教育。通过以每年12月13日国家公祭日、9月3日抗日纪念日、反法西斯胜利纪念日等特殊纪念日为契机，在校园内集体默哀、降半旗，或到烈士陵园献花等方式，让学生铭记每一段历史，不忘国耻。

（二）创新红色文化资源活动开展形式

学校在积极开展山东红色文化资源相关德育活动的同时，积极创新红色文化资源德育活动开展形式。通过开展形式多样、主题鲜明的红色文化资源校园活动，在潜移默化中使学生树立坚定的理想信念，继承发扬以爱国主义为核心的民族精神，促进中小学生德育发展。

一方面，学校在积极开展如红色知识竞赛、红色歌曲大赛、红色文化演讲活动等常规活动的同时，邀请革命老战士以专题讲座或洽谈会的形式

向同学们讲述革命故事,讲述他们对革命必胜抱有的坚定信念,讲述他们与战友同甘共苦的革命友谊,讲述为争取革命胜利发生在他们身边的感人事迹。革命老战士作为中国革命的见证者,亲身经历过革命战争,在革命故事的讲述过程中更具感染力,有利于培养中小学生爱国主义情怀、集体主义观念、吃苦耐劳的精神,坚定的社会主义理想信念。

另一方面,积极发挥学生社团的作用。学校应当鼓励学生将山东红色文化资源融入社团活动当中,丰富社团活动的形式,进一步发挥社团活动作用。学校鼓励学生将社团活动内容与山东红色文化资源德育内容相结合,通过社团开展山东红色文化资源书画作品展、影视作品展等。

【工作案例】

"畅游甲午故地,感知百年历史"威海研学行

研学亮点:

【甲午海战】感知百年历史,畅游甲午故地,爱国主义教育基地

【定远旗舰】全亚洲第一艘按原型1:1完整复制的清代军舰

【海角小居】政府指定接待海景酒店

【研学目的】走进研学旅行基地、走进第二课堂

研学背景介绍:

研学即探究性学习、研究性学习,旅行是让学生走出校园,走进研学旅行基地、走进第二课堂。研学旅行是以广泛的社会资源为背景,强调与社会多层面、多维度的接触与联系,拓展学生学习的空间,丰富学生的学习经历和生活体验,是一种深受学生欢迎的课程方式,研学旅行重在一个"学"字。

根据教育部等11部门印发的《关于推进中小学生研学旅行的意见》提出,将研学旅行纳入中小学教育教学计划。中小学生研学旅行是由教育部门和学校有计划地组织安排,通过集体旅行、集中食宿方式开展的研究性学习和旅行体验相结合的校外教育活动,是学校教育和校外教育衔接的创新形式,是教育教学的重要内容,是综合实践育人的有效途径。开展研学旅行,有利于促进学生培育和践行社会主义核心价值观,激发学生对党、对国家、对人民的热爱之情;有利于推动全

面实施素质教育，创新人才培养模式，引导学生主动适应社会，促进书本知识和生活经验的深度融合；有利于加快提高人民生活质量，满足学生日益增长的旅游需求，从小培养学生文明旅游意识，养成文明旅游行为习惯。

城市背景必选理由：

威海是中国大陆距离日本、韩国最近的城市，中国近代第一支海军北洋海军的发源地、甲午海战的发生地，甲午战争后被列强侵占并回归祖国的"七子"之一。

威海是全国首个国家卫生城市、首个国家环保模范城市群、首个联合国人居城市。威海清新的空气，优美的环境尤其适合青少年们走进威海、研学威海。

威海气候适宜，作为省内首屈一指的避暑胜地，最漂亮的海岸线所在地，夏天的研学，威海已经准备好了给您一所"没有围墙的学校"

所选地点必选理由：

刘公岛位于山东半岛最东端的威海湾内，人文景观丰富独特，既有上溯千年的战国遗址、汉代刘公刘母的美丽传说，又有清朝北洋海军提督署、水师学堂、古炮台等甲午战争遗址，还有众多英租时期遗留下来的欧式建筑，素有"东隅屏藩"和"不沉的战舰"之称。

研学亮点（甲午战争 英租历史 海权文化 历史传说）：

甲午战争事件的整段历史、英租威海卫的殖民地历史、水师生活战争史、海岛文化和海洋生物科普知识、英国殖民者在华殖民地的生活原貌了解。

"定远"舰是甲午海战中清朝北洋海军的旗舰，"甲午海战"北洋水师提督丁汝昌就在这艘战舰上指挥战斗。停泊在威海湾畔的这艘"定远"舰，是全亚洲第一艘按原型1∶1完整复制的清代军舰，其外观与历史原舰完全相同，再现了历史上"定远"舰的风采，是国家AAA级旅游景区。全舰分为上下五层，其中甲板上三层为武器装备，舱内两层为历史展厅。在军舰的内部，能看到当年海军官兵居住、工作的场所，西式军官餐厅、中式厨房、军医院以及军官生活区域等为游客一一再现，置身其中，可以感受到一个多世纪前北洋海军官兵的真实生活。

研学目的：

了解当时中国在世界中的海军战备实力、清政府的海军战备情况。

了解甲午海战主要作战舰艇的战斗力、了解一代先贤的爱国主义情怀以及舰艇船员的生活原貌！

研学课程设计（如表6-3所示）

表6-3

参考时间	研学地点	研学内容
第一天		
06:00	淄博－威海	（一）集合出发，有序上车，有序座号 （二）工作人员介绍本次研学主题和活动内容 （三）安全教育，分组用餐，分组住宿 （四）车上的破冰活动，一句话演讲，增进默契
12:00左右	抵达威海	有序用餐 分组用餐（用餐不语 餐不浪费）
13:00左右	刘公岛 游甲午故地 观甲午风云	（一）有序乘船，登刘公岛 （二）专业刘公岛岛内讲师带领大家游览 中国甲午战争博物院 a/ 北洋海军提督署 作为"刘公岛甲午战争纪念地"的代表性文物遗址，是国内保存最完整的军事衙门之一。 真实再现了北洋海军鼎盛时期的历史风貌，成为全国独一无二的甲午历史标本。 b/ 丁汝昌纪念馆 1888年北洋海军成军后，丁汝昌携眷在此居住6年多，又称"小丁公府"。 c/ 水师学堂 该学堂是清末继福州船政学堂、天津水师学堂、广东水陆师学堂之后的第4所海军学堂，因校址在刘公岛上，故又称"刘公岛水师学堂"，是我国目前唯一一处有迹可循的近代水师学堂。 "少年中国说"宣誓活动！ 刘公岛博览园 采用高新科技与传统工艺相结合的展示手法，全方位、立体化地讲述了刘公岛的三大主题文化：刘公文化、甲午战争和英租历史，被称为解读刘公岛的百科全书。 中华海坛、鲸馆、英租威海历史博物馆 钓鱼岛主权馆 "少年历史感"讲故事活动

续表

		甲午战争陈列馆 该馆以《国殇·1894—1895——甲午战争史实展》为基本陈列，分《甲午战前的中国和日本》《日本打开战争魔盒》《民族屈辱与抗争》《警钟长鸣》4个部分进行展示，陈展面积4500多平方米，展出历史照片500余幅、珍贵文物300多件，辅助展品100多件套，以及大量油画、雕塑等艺术展品，是一座全面展示中日甲午战争历史的综合性展馆。
17:00	威海市内	晚餐（分组用餐 有序用餐）指定餐厅接待用餐
18:00—21:00	威海市内	有序安排入住： 18:30 整理内务 19:00 甲午故地、风云故事、研学日志作文 20:00 收取研学日志，老师评选最佳，交流研学心得 21:00 整理内务、休息
第二天		
06:00	起床	
06:30	早餐	
07:00	出发	有序上车 有序座号
07:30	定远舰景区	"定远"舰景区，位于山东省海滨城市威海市的城区繁华地带，主体景观为按原貌复制再现的清末北洋海军旗舰"定远"号。历史上的"定远"舰，是19世纪工业文明的产物，因为武备强大、防护完善，一度被誉为"亚洲第一巨舰""遍地球一等之铁甲舰"，见证象征了中国海洋上一段辉煌的往事。 （一）有序登舰艇，参观船舱战区 （二）景区内还设有北洋海军历史陈列、三维环幕影院、模拟互动海战游戏等参观、游览项目，合力营造了一座能切身感受历史，走进百年前铁甲巨舰生活的独特人文景观。
09:30—11:30	研学课堂	（一）定远舰专业讲师，通过课件展示，给大家讲解定远舰历史文化知识，让大家更好地了解军舰文化和战争历史事件 （二）定远舰模型亲自动手制作 团队互助，友爱共进，搭建自己的定远舰。
12:00	中餐	
13:00	乘车返回	九年一贯制农村学校

我们的细节操作：

a 精选研学目的地：全国青少年教育基地——刘公岛，甲午海战军舰——定远舰。

b 严选住宿和餐饮：指定餐厅接待用餐，保证食品安全，住宿均为酒店标间或者三人间，楼层和酒店房间集中，方便老师和带队人员查房和监管。

c 精心策划活动："少年中国说"宣誓活动，甲午风云故事会，研学日志分享会。

d 活动场地不重复：正常会议室进行历史讲解和动手制作模型活动。

e 历史讲解专业化：聘请景区专业研学讲解，给同学们进行历史讲解和故事讲述。

f 含旅行社责任险100万，旅游意外险10万。

第七章

开辟"红心践行"党团队一体化工作路线

党团队建设的工作路线必须鲜明体现出对红色精神的认同，并力求将红色精神落实到实践当中。在路线安排上本研究对以下内容开展了研究：构建党团队一体化建设的样板组织生活，提高规范性，促进组织生活常态化；健全党团队先锋模范带头工作机制，体现出党团队成员的模范带头以及辐射带动作用，在师生群体当中体现榜样力量；建设党团队的三级引领框架，把党团队等具体实践活动框架明确出来，并根据预先安排的时间节点进行落实；完善节日主题教育的党团队组织实践模式，有效利用礼仪、影视等教育活动，培育学生爱国信念与积极情感；构建关注与良好行为习惯塑造和助推师德师风建设的党团队管理体系，促进党团队互相帮扶。

基于以上策略，本研究开辟了"红色践行""五路并行"的工作路线：一路，建立了党团队一体化"样板"组织生活；二路，完善了党团队先锋模范"带头"工作机制；三路，架构了仪式教育活动"党团队"三级引领框架；四路，健全了节日主题教育"党团队"组织模式；五路，建设了行为习惯养成与师德师风教育的"党团队"管理体系。

第一节 建设行为习惯养成教育党团队管理体系

所谓"养成教育"，就是培养学生良好行为习惯的教育。即通过行为的反复训练，全面提高学生的"知、情、意、行"，最终形成良好的行为习惯。

养成教育的内容十分广泛，大体包括如下内容。

一、心理养成

智力因素在学生的学习生活中起着关键性的作用，但在智力条件相同的情况下，非智力因素（这里指心理因素）的作用也不容忽视。心理养成教育注重心理健康对学生心理方面的正确引导，培养学生的心理调试能力。根据学生心理的结构特点，学校应主要从四个方面进行培养：1.培养学生的思维能力及创新能力，例如开展一些知识竞赛、创客比赛之类的活动。2.培养学生的意志、信念、兴趣、爱好、情感等，例如开展一些学生感兴趣的社团活动等。3.培养其自我意识，让学生做到自尊、自爱。4.发挥榜样引领的作用。

二、行为规范养成

良好的行为习惯，不仅能够促进学生智力的成长，对学生能否学会做人也起着决定性的作用。从学校学生生活学习的实际来看，抓好行为规范，就要抓好下面三方面的工作：1.培养学生的爱国主义朴素情感，加强思想道德教育。2.培养学生的公民意识及社会责任感，加强与社会其他部门的联合。3.培养学生良好的品德和行为规范。认真落实《中学生守则》及《中学生日常行为规范》要求。培养学生良好的公民素养及日常行为习惯。

三、学习能力养成

学会学习是学生学习情况的一个重要的评价指标，是素质教育成功与否的观察口。为此，学校应根据学生的实际情况重点培养"学会学习的能力"，即学会预习，学会听课，学会作业，学会思考，学会提问，学会考试。

人的教育，人的成长，学校的工作都是复杂多样的。课题试验学校是一所九年一贯制农村学校，经济相对落后，学生父母知识层次参差不齐，对子女的教育重视程度不够，一些学生习惯养成差，自觉性不够，综合素质亟待提升。学校根据片区学生的特点，在党团队一体化品牌建设的指引下，把抓好习惯养成教育作为党团队一体化工作底线，力求行之有效，持之以恒，用良好习惯为学生的精彩人生奠基。

（一）明确养成目标，凝聚了党团队群力

1. 明确目标，引领行动

一是学校成立管理提升月党员教师、团员教师领导小组，群策群力，明确养成目标，制定实施方案。二是双管齐下，红色引领。养成教育形成的主阵地是班级。学校根据实际情况为各班级配备一名党员教师作为方向引领。由党员教师同级部教师对本年级的学生特点进行研究，针对不同年级制定了不同的教育目标，有目的有计划有层次的进行培养。三是在党员教师的带领下，由教研组进行学科课堂习惯研讨，根据学科特点制定学生养成教育计划，并扎实贯彻落实。通过党员引领，统一思想认识，明确规范标准，形成课堂、习惯两手抓、两手硬的共识，教师言传身教如春风化雨，潜移默化，润物无声。

2. 规范细节，设置标杆

学校少先队大队在党、团的引领下，通过文明礼仪、卫生、生活、学习、健体五大习惯进行达标自评，细化习惯责任目标，结合时间顺序有机整合为《九年一贯制农村学校一日规范》，包括上学习惯、上课习惯、课间习惯、午餐午休习惯、集会习惯、放学习惯等6大项和26小项规范，具体为上学秩序、文明礼仪、仪容仪表、责任卫生、上课规范、读写姿势、课间纪律、午餐午休纪律、两操纪律、放学秩序十项具体可操作习惯。

3. 党员先行，强化训练

言传身教出成果，耳濡目染树新风。为了给学生打造一个规范有序的良好育人氛围，让学生收获良好的行为习惯，我们设置了党员示范岗、党员监督岗来规范老师们的上下班纪律，办公纪律，为同学们树立约束自身行为的榜样。同时，学校还建立和完善了少先队组织机构，明确职责分工，通过一系列的活动，按照上学放学习惯、课堂习惯、课间习惯、午餐午休习惯、集会习惯等五大类进行集体训练，让学生真正养成良好的行为习惯。

4. 树立榜样，唤醒自觉

通过值班教师责任管理、文明志愿者和卫生监督岗的学生每日检查、值周班每日抽查、少先队大队不定时巡视等无缝隙管理来跟踪落实；在无缝隙管理的落实下，对各项成绩进行汇总，分别评选出优秀班级和习惯明星，日公示，周表彰，充分发挥榜样带动作用。

（二）着力多措并举，落实齐抓共管

1. 启动党员示范课

根据学校制定的三联一帮带的党小组活动计划，每位党员教师联系一个班级，通过日常授课、心理疏导、规范监督等形式，引领班级成长。党员教师根据学生实际情况结合《九年一贯制农村学校（九年一贯制）行为习惯养成规范》，利用早读、课间、队课、中午等时间带领学生学习具体规范标准，通过行为习惯"歌谣编纂传唱"、网络视频学习、情景剧表演等各种形式来渗透理念。

2. 发挥团队教育功能

一是民主管理促养成。我校一贯倡导学生主体作用的发挥，学校成立了团员代表、队员代表为核心的养成教育决策中心，通过收集学生在日常表现中存在的问题以及好的建议与想法，进行自主商议，形成优化方案，提报学校少工委审核，最后优化养成教育方案。真正做到学生自我决策，民主管理的局面。二是自我管理唤自觉。学校通过"文明礼仪监督岗""红领巾志愿者""我的小岗位"等培育出宽松自由的班级文化，建设班级自主管理制度，实现班级人人有事做，事事有人管，让学生在自我管理中自主培育良好习惯。教育的最终目的是实现自我教育，为此我们实行"学生自我修正模式"，围绕五大习惯制定考评细则，循序渐进，周周落实。制定"加分减分细则"，实施"基础百分""告诫减分""改正加分"的管理机制。

3. 注重团队活动体验

我们根据学生的身心特点，以团队活动实践为主体，将教育寓于丰富多彩的活动之中，内化自觉行为。一是创造性的融合仪式教育，促进学生习惯养成。例如，在入学礼上，巧妙设计参观校园、参观课堂、两操、午餐、上放学等，引导学生了解掌握基本的学校生活一日常规，帮助他们更好地适应小学生活，自觉遵守学校规章制度。二是有效结合月主题活动与传统节日，组织丰富多彩的育人活动，带动家人及邻居讲文明、懂礼仪，培养学生社会责任感与助人为乐的意识。三是充分利用实践基地，开展研学旅行活动，"四季育人"是学校活动育德的典范，活动过程无不渗透着养成教育，学生在实践中践行良好习惯，"人人知礼，时时讲礼，处处习礼，事事达礼"成为常态，在综合活动中真正让养成教育春风化雨、润物无声般引导孩子们快乐学习与生活，实现远大理想。

4. 发挥了党团队监督职能

一分部署，九分落实，一切工作的落脚点都应该在彻底的执行上，要落实就得有考核，我们的考核对象分为五大队员，分别是党员团员教师、班主任、家长、团委、大队委和学生，使得学生事事有人管，时时有人管，在无缝隙管理中执行规则，考核成绩一方面纳入班主任考评中的常规项目，一方面纳入全体党员、团员教师的全员育人成绩中。

（1）在学习生活中制定、知晓规则。从礼仪、卫生、学习、生活、健体五大习惯入手，除班主任和大队委外，让党员、团员教师、家长、同班同学都参与进来，五支队伍相辅相成，变"要我做"为"我要做"，让落实规则更易行。

（2）在无缝隙管理中执行规则。启动"党支部组织领导，团委、大队委直接监管，学生自我修正模式"，实施"基础百分""告诫减分""改正加分"的管理机制，由引领党员、班主任根据五大习惯制定学生评价百分表，一周内扣10分以上需要重修。

（3）重视精神引领，凝聚坚持动力。在监督评价中升华行为，周周公布模范党员、先进集体和个人，月月表彰示范班级。激发"坚持就能成功"的信念，唤起精神，促其进步。对于模范党员、先进个人和先进班级颁发证书。

（4）实施"日碰头""周调度""月飞跃"全员管理制度。通过团队牵头，全体党员、团员教师配合巡课，进行日碰头调研、周调度总结，月飞跃表彰提升行为习惯管理水平。

（三）创新推进机制，探索生态评价

生态的教育评价，必定不是单一的、独立的，而是多元的、联动的。在生态理念的指引下，形成以"欣赏激励"为主的多维度、正向评价机制。评价对象分班级集体及学生个人两类，评价主体涵盖社会、家庭、教师、同学，也可以是自我评价。一是独创"红领巾奖章"争章制度，以各年级养成教育规范为内容，以"红领巾争章"为手段，每生都有一份成长手册，根据日常的表现进行争章。二是完善学生养成教育自治管理体系，大队委和团委下各设纪律部、卫计委、宣传部统管学生的习惯养成，各中队委负责各班级的落实。每学期对五星级班级和学生进行表彰，并颁发星级班级、星级学生标志，大大提高了学生人人养成好习惯的积极性，最终变"要我改"为"我要改"，化被动为主动。

如今，当你再次走进学校时，扑面而来的是桐叶的芬芳，看到的是窗明几净、一尘不染的整洁，而教室内的学生则是端端正正的写字、积极灵动的讨论或是坐姿规范的读书……养成教育就是养鱼养水，养树养根，养人养心，养成良好的行为习惯并非一日之功，需要持之以恒，落实养成教育也不是一人之事，需要全体师生、家庭、社会的勠力同心。为此，我们必须坚持不懈地研究创新学生管理，不忘初心，坚持养成教育的目标和追求，做好学生人生的奠基工程。

第二节 健全节日主题教育活动党团队组织模式

党和政府历来高度重视共青团和少先队工作，国家也相继出台了《在同团中央新一届领导班子集体谈话时的讲话》《在中央党的群团工作会议上的讲话》《中共中央关于全面加强新时代少先队工作的意见》《中国共产党组织工作条例》《中国共产党普通高等学校基层组织工作条例》等文件，作为新时代党团队工作的行动纲领。同时，党团队活动又是政治启蒙、信仰教育的重要途径和载体，在国家教育部门颁布的相关指导意见中，也强调了通过团队开展多种多样的活动课程，来增强主题教育的多元支撑。学校党团队组织应发挥其教育组织实施功能，承担起应有的教育责任，配合学

校教育具体实施中华传统文化的传承、地域特色教育资源的挖掘的教育工作，以党团队活动作为载体，弘扬社会主义核心价值观，加强学校思想品德教育实效性。

习近平总书记反复强调，要把红色资源利用好、把红色传统发扬好、把红色基因传承好。九年一贯制农村学校通过"三有三引·党团队一体化"品牌建设，让红色精神发挥出其独特的育人价值，放射出新时代光芒，引领培根铸魂育人的政治任务。

一、开创党团队建设"一三一一"主题活动模式

党建、团建、队建，是学校教育工作的有机组成部分，党团队建设在中小学中的地位日益凸显。为强化学校党团队教育组织实施功能，扎实开展各项主题活动，使全校学生的综合素质得到全面提升，我校开创了"一三一一"主题活动模式。

"一三一一"模式，即"一名支委会成员担任组长，党员教师、团员、队员各一名担任成员，组成一个主题活动筹划团队，共同开展一次主题活动"。学校根据实际情况共设置多个活动筹划团队轮流进行。通过这种模式来策划活动，有利于党建带团建带队建工作的开展，有利于调动党员干部投入活动的积极性，有利于发挥整个党团队队伍的智慧，有利于丰富活动的内容与形式。

"一三一一"模式，一改过去党团队活动割裂的状态，把三个组织的活动紧密地融合在一起，使梯队教育效果最大化。同时，这种模式也打破了以往一个人或几个人策划活动的局面，使更多的人参与进来，使大家都能全身心地投入到活动的策划中，提高了活动的质量与水平。

二、设置"五老"进校园宣讲"流动驿站"

"五老"即离退休老干部、老战士、老专家、老教师、老模范。关心青少年健康成长是全党全社会的共同任务，"五老"作为培养教育青少年的一支独特的力量，具有不可替代的重要作用。学校为充分挖掘"五老"教育

资源，特设置"五老"宣讲"流动驿站"，根据不同的节日或月主题，结合学校实际，围绕以下内容进行宣传教育。

（一）讲故事，学习传统。在一月理想信念教育月、三月学雷锋主题教育月、四月弘扬革命传统主题教育月、十月爱国主义教育月几个月份中，"五老"志愿服务者走进校园为我们的学生分享传统故事。如：革命者的故事、周恩来的故事、小英雄的故事、让孩子们在故事中了解革命的传统，了解什么是"鞠躬尽瘁死而后已"，什么是"国家兴亡、匹夫有责"。引导学生产生思想共鸣，培养爱国情怀。

（二）学孝道，弘扬美德。结合五月感恩教育月、九月弘扬民族精神月月主题，老教师走上讲台为孩子们讲孝道，教会孩子如何做人。让孩子们了解了中国传统孝道，如何尊重父母、孝敬老人，用一言一行去规范孩子们的行为。

（三）知队史，规范行为。利用三月学雷锋教育月、十一月文明礼仪教育月、十二月法治教育月等重要时间节点，老辅导员来到队室，给孩子们讲述队史、队的知识，教大队委员们如何做好队的工作，走上我们的知荣辱、扬美德、做君子、大队集会，和孩子们一起宣誓，把自己搜集的少先队建设方面的资料无偿送给学校、送给孩子们。

（四）弹琵琶，习得艺术。退休老干部孙老师走进校园，将琵琶艺术引向学生，让孩子们明白按弦、弹跳、轮基本指法，以及其他指法是如何在基本指法的基础上演变而来的。同学们在孙老师的演奏中感受着艺术的魅力。

"五老"人员的独特课程成为学校教材的重要补充，促进了孩子们学习的进步、品德的养成、情感的熏陶，更让孩子们走向了人格的完善。

三、确立校区、片区、社区"三区联动"主题实践模式

（一）构建红色实践活动育人体系

学校是学生成长的重要场所。作为九年一贯制学校，我们始终把党团队一体化建设当作教育品牌来做，志在凝聚党、共青团和少先队三股强大力量，打造核心领导力，形成党领导团、团紧跟党，团重视队、队依靠团的良好局面。学校团队工作借助"党团队一体化"品牌建设优势，融合不

同主题活动,大力整合校内红色资源,构建红色实践活动育人体系,培根铸魂孕育时代新人。

1. 绘制"红心传承"党团队一体化红色阵地版图

校园文化是学校发展和推进素质教育的重要组成部分。红色教育是对少先队追"根"溯"源"的教育,让少先队明白今天幸福生活的"根"是中国共产党英明领导,"源"自革命先辈抛头颅洒热血的光荣事迹。设计适合学校的党、团、队的实践教育活动阶梯体系和更能适合"红心传承"体验的实践教育活动阵地。奋斗的青春最美丽"青春广场""心中的楷模,永远的丰碑"红色长廊、新时代文明实践讲堂"党团队一体化活动室",为校内各项红色实践活动的开展提供基础保障。

2. 搭建三级"红色宣讲"平台

成立宣讲队伍,开展"习近平新时代中国特色社会主义思想""社会主义核心价值观""不忘初心,接续奋斗"等宣讲活动。一是校级宣讲,利用周一升旗仪式,结合红色纪念日、重大节日等进行红色宣讲。二是中队宣讲,结合每月的月主题,开展中队红色宣讲。三是"五老"宣讲,邀请离退休的老干部进行宣讲。

3. 用好了"红色宣传"媒体阵地

一是大队、中队每月一期新时代好少年、优秀少先队员评选,树立先进典型和学习榜样;二是积极借助学校公众号及其他渠道向家长和社会进行宣传,用先进典型感召,增强组织凝聚力和影响力。

(二)构建"齐文化+"红色研学体系

新时期,学校教育正面临一个错综复杂的环境。在信息化的今天,校园边界被打破,学校周边蕴含着巨大的教育资源。结合学校所处地理位置,筛选优质地域资源融合到各项主题教育中,拓宽组织视野,塑铸崇高理想信念。

1. 打造区内"齐文化+"红色研学体系。学校深入挖掘临淄区烈士陵园、北海银行遗址、廉政纪念馆等区内红色教育基地资源,在反复实践、钻研、再实践的基础上，最终确定了"核心素养育人目标→红色研学课程准备→校外研学实践探索→校内德育实践活动策划→红色故事经典→课程链接"六环一体化红色研学工作机制。

2.打造市情、省情红色研学体系。为提升研学内涵品质，打造了市情、省情红色研学精品路线。市情：焦裕禄纪念馆→原山公园一线、618战备电台→凤凰山一线、淄博烈士陵园→周村古城一线；省情：威海刘公岛→中国甲午战争博物馆→科学技术馆的海洋梦一线、枣庄台儿庄战役纪念馆→台儿庄古城→曲阜尼山的文化梦一线、临沂蒙山→云蒙湖→孟良崮的励志梦一线。立足这些校外基地，开展了多种"培根铸魂"爱国主义教育活动。

四、打造"红心研习"党团队一体化主题教育课程

（一）挖掘学科课程资源，打造"红色学科课程"

挖掘语文、音乐、美术、道德与法治等教材中的红色学科资源，如语文中的革命事迹、音乐中的红色歌曲、道德与法治中的红色德育形成国家和地方红色学科课程，结合不同的时间节点、重大节日、月主题等，对红色文化课程资源进行筛选、重组，打造校本红色课程，形成系统规范团队主题活动课程体系。

（二）挖掘红色节日资源，开发红色节日课程

学校把抗日战争胜利纪念日、烈士纪念日、国庆节、建队节、一二九运动等纪念日，作为学校开展爱国主义教育活动的节日，并形成不同的红色主题节日课程。

（三）搜集爱国影视资源，开发红色影视课程

1.搜集《大国崛起》《复兴之路》《战狼》《红海行动》等红色影片，对经典片段赏析，形成红色爱国课程；

2.扎实开展国史、党史、改革开放史方面的影视观看活动，形成红色史诗课程；

3.每日中午十五分钟，借助"学习强国"资源中的"时评"身边的感

动"新时代楷模"等模块让少先队员学习，形成红色强国课程。

五、强化活动引领提升队员综合素质

学校根据少年儿童的年龄特点，通过多渠道、多层面、全方位对队员进行思想教育，并寓教育于活动之中。学校利用劳动节、儿童节、国庆节、重阳节、清明节、消防安全日等有利契机，培养少先队员的爱国主义，集体主义思想，培养学生关爱生命、关爱他人、关爱社会的良好的思想品质。教育广大少先队员听党的话、跟党走，增强少先队员的光荣感和使命感。另外我们还借助学校四季研学精品课程深入推进系统的研学旅行活动；通过爱心传递、尊老爱幼、爱护环境、学雷锋等全方位的活动体系，提升少先队员们的综合素质。

第三节 架构仪式教育活动党团队三级引领框架

仪式教育是党团队活动一体化的重要活动载体，是党、共青团、少先队培育新人的特有形式和重要环节，也是对学生进行社会主义核心价值观教育的重要阵地，有助于增强大家的凝聚力，激发学生的责任意识，培养青少年良好的政治素养和个人品格等。因此，我们可以将仪式教育当作促进党团队一体化建设的有力抓手，发挥党团队组织的育人作用。九年一贯制农村学校在党团队一体化背景下开展仪式教育，遵循四个融合、抓好三个关键、做好两大衔接、健全一个机构。

一、遵循四个融合，即理念融合、内容融合、形式融合和资源融合

（一）理念融合

党团队要实现一体化建设，首先在理念上必须具有一致性。党团队尤其是团队教育在本质属性上具有一致性；共青团、少先队作为两个不同的

组织，虽然教育的对象，培养任务和层次目标不同，但都是对青少年学生进行政治启蒙教育、社会主义核心价值观塑造，为培养德智体美劳全面发展的社会主义事业建设者和接班人做准备。另外，作为培养党的优秀后备人才的青少年组织，共青团和少先队之间有着天然的育人前后逻辑关系，二者实现一体化有利于组织育人的连贯性及顺承性。但就目前的教育现状来看，由于党团队干部自身缺乏党团队一体化的理念认识，导致这三个组织在培育新人的过程中出现断层。尤其是六七年级学生在入团之前他们既有少先队员的身份，又是共青团员储备军，很容易沦为团队教育的"真空期"，所以要想把党团队一体化建设工作做到实处，首先要在育人理念上保持一致。

（二）内容融合

仪式活动是团队教育的主要载体。仪式活动设计要体现党团队一体化的育人目标，结合校情、学情，合理设置各学习阶段的育人内容，以满足学生多样化的成长需求，主要包括纵向衔接与横向贯通。团队衔接是党团队一体化建设中的重要一环，在学生入团前后，做好纵向衔接尤其重要，初一年级组织红领巾随青春飞扬——换巾仪式，并进行简单的团知识教育，激发他们的入团积极性。初二年级组织心中有榜样——先锋精神传承仪式，通过红领巾示范岗选出优秀队员作为预备团员。横向贯通则是将德育内容与学生现实需求相结合，促进道德、政治、思想、法纪、心理等五方面德育内容的协调贯通，通过对团队育人内容进行由浅入深，由具体到抽象的设计梳理。扩大育人效果，推进党团队一体化进程。

（三）形式融合

党团队一体化在仪式教育的组织形式上，既要符合基本的礼仪规范，也要符合队员、团员、教师等不同角色的年龄特征、身心发展规律。尤其要对初中学生应给予更多的重视，处于12—16岁年龄段，他们的生理心理发展迅速，集各种矛盾于一身，处于"青春叛逆"这个关键时期。所以在设计仪式教育时，我们特别注重增加一些贴近学生需求、引发学生兴趣的内容，把仪式教育的范围扩大，打破人们所熟知的、传统的校园仪式，并根据学生的兴趣和特点开设具有校本特色的仪式课程，以丰富传统仪式教育的内容。例如，在组织低年级学生入队仪式时，实行"红领巾小辅导员"制度。通过初中一二年级大龄少先队员与新队员的交流，重温入队誓词，重找入队荣誉感，强化责任心，激发入团的热情，重拾加入组织的初心。同时，通过初中年级少先队员的榜样示范，促进小队员积极入队，激发他们对少先队组织生活的美好憧憬。

（四）资源融合

党团队一体化建设，党员、团员、队员的成长并不单单是党团队组织的事，需要多方面的支持和配合，形成合力，构建党团队育人"同心圆"。学校结合实际情况主要从以下几方面进行整合：

1. 人力资源的整合。团队员的成长不单是团队组织的事，需要多方面的配合与支持，不论是家长、社会工作者还是学校员工，都可以走到团队教育中来。

2. 财力资源的整合。充分调动学校周边有责任感的企业参与活动，挖掘社会力量联合组织活动，获得校外的资金支持。

3. 工作阵地的整合。党团队活动阵地是以一定的物质条件为基础，由党员、少先队员、共青团员自己创设并参与管理，进行日常活动的固定场所。它是党组织、少先队组织、共青团组织对党员以及青少年儿童进行教育的重要阵地，是凝心聚力激发党员、团员、队员萌生组织意识、责任意识、爱国情怀的重要教育场所。

为了强化党建带团建，团建带队建，党团队一体化建设，我们对党团队活动阵地进行整合，具体如下：首先对实体阵地进行融合，针对活动室，我们布置规划了党团队一体化活动室，室内文化布置涵盖了党建、团建、队建阶梯式教育内容，利于党团队队伍的阶梯化成长。橱窗、板报、中队角等再结合中队或班级学生的实际情况，设计相关的红色教育内容，并添加相邻组织学习的内容作为拓展延伸。校内外的实践基地则针对党团队不同对象设计教育内容，配合仪式教育的具体内容，发挥巨大的育人作用。结合学校的地理位置优势，校内我们主要开发了"红心传承"体验的实践教育活动阵地：奋斗的青春最美丽"青春广场""心中的楷模，永远的丰碑""红色长廊"等。校外开发了区内"齐文化+"红色研学体系，挖掘临淄区烈士陵园、北海银行遗址、廉政纪念馆等区内红色教育基地资源，为党团队一体化仪式教育活动的开展提供了活动场所。

二、抓好三个关键，即抓好时间节点、宣传到位、递进提升

为了扩大仪式教育的育人效果，在开展仪式教育时，学校特别注意抓好以下三个关键。一是注意抓住重要的时间节点，有组织有计划地开展仪式教育，讲究育人的时效性，如用好6月1日、10月13日（中国少先队建队日）分批次做好分批入队工作，更容易激发学生的组织意识、形成正确的价值观。用好3月5日雷锋纪念日、9月30日烈士纪念日等对学生进行学革命英烈、承红色基因的主题教育，培养学生的责任意识、爱国之情。二是宣传到位，合理有效地宣传能够扩大仪式教育的效果延伸，使其育人效果最大化。为此，学校在组织仪式教育活动的基础上，充分利用学校微信公众号、抖音号、快手号进行及时总结，加大宣传，深化活动的育人效果。三是递进提升，要实现党团队一体化建设工作，就必须实现不同阶段仪式教育活动内容高度融合。为此学校特别注意整合各个阶段仪式教育的活动内容，使队员、团员、党员形成一个阶梯式、一体式的成长模式，使三个阶段联系更加密切，使队员、团员、党员更系统清晰地认识党团队组织，避免教育的割裂化，以扩大仪式教育的育人效果。

三、做好两大衔接

两大衔接，即团队衔接、党团衔接。中国少年先锋队是中国少年儿童的群众组织，是少年儿童学习中国特色社会主义和共产主义的学校，是建设社会主义和共产主义的预备队。中国共产主义青年团是中国共产党领导的先进青年的群众组织，是广大青年在实践中学习中国特色社会主义和共产主义的学校，是中国共产党联系青年群众的桥梁和纽带，是中国共产党的助手和后备军。中国共产党创建了共青团和少先队。少先队是共青团的预备队，共青团是共产党的后备军，在团队建设中，团要发扬"全团带队"的传统，同时共青团是中国共产党的助手和后备军。因此，做好团队衔接、

党团衔接工作，既能加强团队组织的自身建设，也能推进党团队一体化建设的不断发展。

（一）加强党团队一体化教育

教育内容一体化。是团队衔接建设的重要形式。根据学生的不同年龄阶段、心理特点，结合几大仪式教育如：入队仪式、离队仪式、入团仪式等团队工作的具体要求，建立团队一体化的教育体系。具体如下：小学低年级主要围绕队知识与各种教育活动相结合；小学高年级在学习队知识的基础上加入基础的团知识，为后续团知识的深入学习打下基础；初一学年开展团队衔接教育——换巾仪式；初二学年推优入团活动，发挥先锋模范作用，加强推优入团的力度；初三开展入团仪式；初四学年开展纪念"五四"青年节活动，充分发挥团组织的"带队"作用，引导团员积极向党组织靠拢（如表7-1所示）。

表7-1

年级	仪式教育内容
一年级	今天我入队——光荣入队仪式
二年级	我们都是好朋友——手拉手结对仪式
三年级	金色少年——十岁成人仪式
四年级	我的地盘我做主——队长就职仪式
五年级	感恩母校——毕业典礼仪式
六年级	红领巾随青春飞扬——换巾仪式
七年级	心中有榜样——先锋精神传承仪式
八年级	敬好最后一个队礼——离队入团仪式
九年级	永远跟党走——"五四"献礼仪式

通过阶梯化、系列化的仪式教育活动的开展，实现了党建带团建带队建的工作目标；提高青少年学生的思想道德素质和科学文化素质，实现人的全面发展这一根本任务。同时也消除了六七年级学生在入团之前沦为团队教育的"真空期"，其实这段时期的青少年既有少先队员的身份，又是共青团员储备军。通过开展序列化的仪式教育活动，使这部分学生不仅得到

有效的团队教育，还充分发挥其先锋模范的作用，使党团队衔接工作落地生根。

（二）以推优工作为抓手

为进一步加强"党建带团建、团建带队建"工作，做好党团、团队两大衔接，培养一支数量众多、质量较高的后备力量团员后备力量，不断扩大党组织、团组织在青少年以及青年教师中的影响，依据党章、团章的相关规定，学校创建"红领巾示范岗""团员示范岗"作为推优入团、推优入党的后备力量。推荐优秀少先队员优先发展为预备团员、推荐优秀团员教师作为党组织的发展对象，是共青团、少先队作为党的后备军的具体工作体现，"推优"工作也是队建与团建、团建与党建相衔接的重要切入点，是实现党团队在组织上衔接的重要抓手。认真做好推优工作，对于加强党组织、团组织、少先队建设，提高党团队组织的凝聚力和战斗力，发挥少先队、共青团作为党的后备军的作用，保证新团员和党员的质量，具有十分重要的意义。

四、健全一个机构

健全团队组织机构，为党团队衔接奠定组织保障。党员干部、团队干部是开展党团队工作的重要力量。为了做好学校党团队衔接工作，我们把工作重点放在党团队干部的衔接工作上。配齐配全学校党支部委员会、团委书记、少先队辅导员等岗位。选配思想好、能力强、素质高、作风正、热爱青少年工作的优秀青年教师担任。小学配备专业的少先队大队辅导员，初中少先大队辅导员由学校团委书记兼任，中队辅导员由班主任兼任。针对学校党团队干部的专业性，学校统一培训交流，深化党团队一体化的认识，并成立党团队一体化办公室。定期组织各中小学校团委书记、大队辅导员进行业务交流培训，通过培训交流，实地观摩和团队工作专题讨论会等多种形式加强对团队干部的培训力度，让他们深刻理解党团队衔接对于推进学校各项工作的重要性，掌握团队工作的基本知识。

第四节 完善党团队先锋模范带头工作机制

一、加强组织建设

近年来,学校高度重视党团队的引领。《关于贯彻落实党建带团建、将加强大中小学校党团队一体化建设的意见》中明确提出,发挥党团队先锋模范作用,首先要加强组织建设,即加强和创新党组织、团组织、队组织建设,使党支部、团委、队委成为全校师生心中具有核心影响力的组织,发挥引领示范作用,助力党团队一体化建设。

(一)加强党的领导

1. 建立学校党的各级领导干部联系团、队基层组织制度;
2. 建立党员担任团建、队建工作指导员制度;
3. 建立党支部书记联系指导学生社团制度。

(二)加强团组织建设

1. 健全组织机构;
2. 推进规范化建设;
3. 促进活力提升。

(三)加强少先队组织建设

1. 强化基础建设;
2. 加强少先队大、中、小队集体建设;
3. 加强学校少先队标准化建设。

二、提升队伍建设

建设好党团队队伍,能够提高学校党团队一体化的战斗力。队员、团员骨干队伍在党团队建设中起着关键性的作用,培养一批全面发展的起到先锋模范作用的高素质党员、团员、队员,建立一支数量大、质量精、作用强、素质高的人才队伍也是我们党团队一体化实践研究课题的中心任务。

为此，我们采取了切实有效的措施，促进党团队队伍建设。

创建三个岗位："三个岗位"即党员示范岗、团员示范岗、红领巾示范岗。为发挥模范示范引领作用，加快党团队一体化建设的步伐，学校结合校情、学情，在全校范围内开展了三大岗位的创建活动。

（一）创建党员示范岗

以党的二十大精神和习近平系列重要讲话精神为指导，充分发挥党员的先锋模范作用，发挥学校党组织的战斗堡垒作用，推动学校党团队一体化工作的开展。

1. 创建内容

岗位承诺。规范自身言行，争做"四好教师"；做好党员教师联系团员教师、联系一个班级的制度。

岗位实践。以党风带团风、以团风促队风。党员教师要积极投入到党团队建设中来，树立旗帜、带好团员、带好班级、讲好党团队活动课。

岗位提高。以行动促发展，让党员教师在先锋模范岗位上提升自我，真正起到先锋模范的带头作用。

岗位辐射。通过党员在活动中的引领，党课、团课、队课的巡讲，提升共青团、少先队组织的专业化、育人化水平。

2. 创建步骤

第一阶段：宣传发动。

第二阶段：实践学习。制定目标，岗位承诺，认领申请，建立党员联系制度，党员教师党团队课堂展示，党员参与活动成果展示。

第三阶段：总结发扬。党员实践情况调查总结；评选党员示范岗，颁发示范岗牌。

（二）创建团员示范岗

中国共产主义青年团是中国共产党领导的先进青年的群众组织，是广大青年在实践中学习中国特色社会主义和共产主义的学校，是中国共产党联系青年群众的桥梁和纽带，是中国共产党的助手和后备军。

中国共产党创建了共青团和少先队，并把领导少先队的光荣任务交给共青团。所以共青团在培育少先队员，为国家输送接班人的过程中起着关键性的作用。为了更好地发挥共青团组织对少先队的领导教育职能，推动学校党团队一体化建设，创建团员示范岗，吸纳一批优秀的团员教师、团员学生树旗帜、立标杆，发挥先锋模范的作用，并作为推优入党的储备力量。

1. 创建内容

岗位承诺。规范自身言行，争做"四好教师""十佳团员"；做好团员教师联系一名团员学生、参与一次仪式教育活动的制度。

岗位实践。以团风带队风。团员教师要积极投入到团队教育活动中来，树立旗帜、带好团员、积极活动、讲好团队活动课。

岗位提高。以活动促发展，让团员教师、团员学生在先锋模范岗位上提升自我，真正起到先锋模范的带头作用。

岗位辐射。通过团员在活动中的引领、团队活动的设计，提升自身的专业素质。

2. 创建步骤

第一阶段：宣传发动。

第二阶段：实践学习。制定目标，岗位承诺，认领申请，建立团员联系制度，团员教师党团队课堂展示、团员学生组成红色讲师团，参与活动成果展示。

第三阶段：总结发扬。团员实践情况调查总结；评选团员学生、团员教师示范岗，颁发示范岗牌。

（三）创建红领巾示范岗

少先队是党创立和领导并委托共青团直接领导的中国少年儿童群团组织，是少年儿童学习中国特色社会主义和共产主义的学校，是建设社会主义和共产主义的预备队。为深入学习贯彻落实《关于构建阶梯式成长激励体系增强少先队员光荣感的指导意见》，增强少先队员的光荣感，构建党团队一体化传承红色基因的全链条，创建红领巾示范岗，充分发挥优秀队员的先锋模范作用。

1. 创建内容

岗位承诺。规范自身言行，争做"十佳少年"。

岗位实践。积极参与少先队志愿活动，甘于奉献，做好少先队监督服务岗。

岗位提高。以岗位促发展，让队员在先锋模范岗位上提升自我，真正起到先锋模范的带头作用。

岗位辐射。通过队员在岗位上的探索，队活动的组织，提升自身的综合素质。

2. 创建步骤

第一阶段：宣传发动。

第二阶段：实践学习。制定目标，岗位承诺，认领申请，岗位实施，组织活动，参与活动成果展示。

第三阶段：总结发扬。队员实践情况调查总结；评选队员示范岗，颁发示范岗牌。

三、创新先锋阵地

创新党员团员队员，发挥先锋模范作用的阵地。为了能最大限度、最宽领域地发挥先锋模范的引领作用，我校结合实际情况努力打造两大模范阵地，即有形阵地和网络阵地。努力发挥优秀党员、团员、队员在活动阵地、网络空间、自媒体平台上的引领示范作用，让优秀党员、团员、队员的先锋模范作用覆盖整个青少年儿童学习生活领域，让大家时时刻刻有榜样、有目标，让党建带团建带队建更有方向、有力量！

（一）加强有形阵地建设

在学校红心传承，党团队一体化阵地版图建设的基础上。我们充分利用现有阵地平台，"青春广场"、心中的楷模"红色广场"、团队教育阵地"党团队一体化工作室"、"红色文化长廊"等充实榜样人物、榜样故事。通过对平时的表现进行考核、量化，将涌现出来的榜样人物、先锋事迹展示到我们阵地的角角落落，把历史上具有影响力的榜样人物填充到我们的红色文化长廊。让全体党员、团员、队员时时刻刻以榜样规范自身，不断提升自我。

另外，结合我校独特的地理位置优势，我们还开辟了"齐文化+"红色研学阵地。把烈士陵园、北海银行遗址、廉政纪念馆、孟良崮战役纪念馆、焦裕禄纪念馆等区内红色教育基地资源作为发挥榜样引领作用的重要阵地。通过一系列的阵地建设，使榜样人物辐射带动全校所有的党员、团员、队员，真正将先锋模范的引领作用落到实处。

（二）创新网络阵地建设

当前社会，信息网络化迅猛发展，特别是各大媒体的迅速发展，使得社会舆论的影响力和作用越来越大，网络发展为学校党团队一体化建设工作带来了机遇。一方面，网络的开放性、现代性促进了党团队一体化建设的科学性；另一方面，网络资源的丰富性也为学校党团队一体化建设注入新的营养。学校高度重视网络活动阵地的建设。

1. 用好两大视频号

学校先后开通了抖音号、快手号，建立了完善的党团队建设工作网络新阵地管理制度。科学性地设立榜样人物专栏、党团队工作动态、党团队活动、党团队研究、"我为党团队建设献策"等专栏。其中，榜样人物专栏作为重点专栏进行设计，我们围绕革命英雄、榜样人物、优秀事迹几个主题，每周推送一期学习视频，在全校范围内进行宣传学习，让学生成长有榜样，教师发展有方向。

2. 用好"红色宣传"微信号

共青团、少先队每月一期十佳中学生、新时代好少年、优秀少先队员评选，树立先进典型和学习榜样。积极借助学校公众号及其他渠道向全体师生、家长和社会进行宣传，用先进典型感召，增强组织凝聚力和影响力。

四、加强活动引领

为了充分发挥榜样先锋的引领作用，提升全校师生的综合素质和学校党团队一体化的建设，学校还先后组织了一系列的主题活动。

（一）党员干部结对帮扶活动

学校每学期组织一次帮扶活动，每名党员帮扶一名或多名家庭贫困的学生。每学期初，党员教师根据学校统计的贫困学生人数，确定帮扶对象，并进行入户家访，根据学生的具体情况，为其购置一些生活必需品以及学习用品，为贫困家庭的孩子送去温暖，让他们对生活、对学习、对社会、对未来怀有热情与希望。通过党员教师的帮扶活动，发挥党员先锋模范的带头作用，为团员教师尤其是青年教师树立一面火红的旗帜。

（二）情满校园爱心捐赠活动

送人玫瑰，手留余香，为了打造爱心校园，发挥优秀教师、学生的先锋模范作用，学校每学期开展一次爱心捐赠活动。老师、学生们积极参与，把家里用不到的日用品、学习用品、衣物、读完的书籍等拿到校园，奉献自己的爱心。学校对捐赠物品进行归类，对学校贫困学生能用到的物品打包成爱心包分发给学生。

（三）上好党员示范课

我校党支部把"上好党员示范课"作为提升主题党日活动实效和教学质量的切入点，把求真务实、科学钻研的精神落实在学校教育教学等各项工作中，引领全体教师认真钻研业务，提高教学水平，从而推进新课改，提高全校教育教学质量。

作为一名教师党员，上好示范课是党员先锋模范作用的彰显，也是教学质量提升的有效途径。

当旗手带动课堂研究，做标杆引领改革潮流。执教者用新颖独特的教学设计，睿智灵活的教学方法，务实高效的教学过程，关注学生学习成长，关注学生情感体验，形成了良好的模范带动效应，充分展示了党员教师的风采，而且一堂堂精彩、优质的示范课，不仅展示了党员教师的风采，也给教师们提供了互相交流、互相学习的良好平台。党员示范课展示活动，既有利于党员教师深入理解新课程理念，增强创先争优意识，又为全体教师的专业成长搭建了一个锻炼和展示的平台。

丰富多彩的主题活动是党团队一体化建设的重要载体，是发挥先锋模范作用的有利抓手，学校还先后组织了"公益劳动类"活动：清扫卫生包干区、护绿区、教室、校园环境。爱护校园花草树木以及校内花草及蔬菜的种植。"主题教育类"活动：如三月学雷锋月，走进颐康养老院开展社科文化宣传，浸润孤寡老人心灵；五月感恩教育月，走进社区清理卫生，弘扬社会文明风尚。"志愿者类"活动：清扫图书馆、少先队室、综合实践活动室等。"岗位体验类"活动：学校积极开发教师类、学生类，给师生提升自我的机会，如重大活动的小小讲解员、主持人、评委等，通过活动，以点带面发挥先锋模范的引领作用。

第五节　建立党团队一体化"样板"组织生活

一、创新组织生活，激发党员活力

党的组织生活对于加强党员的教育、管理和监督，保持党的先进性，充分发挥党员的先锋模范作用都具有重要意义。对党组织了解党员思想、工作、学习和生活，更好地贯彻执行党的路线、方针、政策，提高党员队伍的战斗力和凝聚力，都有着不可替代的作用。三会一课是党组织生活的重要形式，近年来为了强化党组织在学校各项工作的引领作用，促进党团队一体化建设进程，学校党组织生活在继承发扬传统每月三会一课形式的同时，通过六个转变，创新组织生活的内容与形式，不断增强党支部的工作活力。

（一）从"一个人"到"一群人"

十七大报告中提出："要尊重党员主体地位"。在传统的组织生活中，通常把支部书记定义为组织生活的"主角"，其他党员是"观众"，所以为了增强党组织生活的民主性，切实转变"一言堂"的组织生活模式，我校创新性地组建了由支部书记牵头，由支部委员作为组长的四个工作小组。为了强化党组织的引领作用，在每个小组内还分配一名团员示范教师，参与部分党小组活动。这样的组织形式有利于唤起党员的参与意识，让党员真正成为组织生活的"主角"。让党员从教育对象变成自我教育的主体，学习的内容则必须由党委或支部统一安排。

(二)从"坐下来"到"站起来"

过去的组织生活一般都是在会议室,多数通过听报告的形式进行。针对以往单调枯燥的活动模式,我们打破时间与空间的局限,从会议室延伸到课堂、活动阵地、文化长廊、校外红色教育基地、实践活动基地、活动中心等地开展活动,丰富活动的内容,提升组织生活的质量。如学习参观党史馆重温入党誓词,进行思想认识教育;走进益康养老院,进行爱与责任教育;开展党员示范课,发挥先锋模范作用;走出去与其他部门联合开展庆祝党的百年生日等。通过支部共建交流,了解更多的高质量的组织生活典型事例,收获经验,更好地促进学校党团队一体化工作的开展。

(三)从"所有人"到"相关人"

组织生活安排,讲求实效,倡导长话短说。组织生活不是每次都要把全体党员发动起来,而是逐渐从全体党员参与转变为各类党员群体选择性参与。为了提高组织生活的质量和作用,学校开创性地改变过去大会小会所有人都必须参与的局面,尝试转变为党员结合自身实际,根据活动主题,自主选择、自愿参与的新模式。

支部通过微信公众号设置党支部组织生活会公开信息专栏,有小组组织的、有整个支部组织的,所有活动在微信公众号"组织生活专栏"进行发布,设置报名窗口,凡是关注到信息并感兴趣的其他团员教师、团委、大队委成员,也可以报名参加,进行旁听,从而有效促进党团队一体化建设。

(四)从"每月1次"到"每月N次"

传统的支部生活会就是按照三会一课的形式按部就班地进行,学习一些上级文件精神,讨论一些近期工作计划及措施,培养发展新党员等,活动形式单一,不利于调动党员参与的积极性。为此,党支部决定在三会一课的基础上进行改革创新,根据学校的实际情况开展组织生活会。

根据学校基本情况以及师生的实际需求,学校规定八个必须开展的条件。(1)上级组织有要求的必须组织;(2)学校有重大事项时必须组织;(3)

师生有需求时必须组织;(4)有倾向性的思想问题时必须组织;⑤每逢重大时间节点时必须组织;⑥学校有重大突发事件时必须组织。

(五)从"说出来"到"做起来"

组织生活是党员有组织的活动。凡是党支部有目的、有计划、有方式地把党员组织起来,提高党员素养,统一党员思想,加强队伍建设,发挥党员作用,都是组织生活。党支部根据上级文件要求及学校工作实际,明确组织生活主题的设计和内容的选择,应遵从五个"围绕"——提高党员素质、促进个人发展、发挥党员作用、推动中心工作、服务全校师生。提倡"务实型"组织生活模式,强调两个"有利于"——有利于把党员培养成为实干家,有利于解决工作中实际问题。例如:党支部组织党员带头开展"知识传承"活动;"党员教师攻关活动";全体党员参与党员示范课的讲授、评课活动等。信息发展日新月异,网络等其他现代媒体也为我们的组织生活提供了汲取营养的平台,我们可以通过网络媒体获得大量的时事政治信息。利用电视、多媒体,一改以往选几篇著作读一读,找几份文件资料念一念的学习模式,观影之后调动党员的学习积极性。写出心得体会,在下一次的学习讨论会上交流发言。通过这种方式,可促使党员认识、收看、思考。网络技术的发展,为组织生活形式的丰富提供了必要的支持条件,成为支部组织生活的新平台。

(六)从"说教化"到"趣味化"

开展党员教育是组织生活的重要职能。学校通过自编生动有趣的思想学习教材,把学习课堂延伸到活动中心,通过多种体验游戏寓教于乐。

例如,学校多次组织党员团员教师、组织学生走进科技馆,通过实地观看,触摸,亲身体验等形式,让师生们感受祖国的实力、祖国的强大,激发师生们的责任意识,萌发爱国情操。例如,学校党支部不断拓展活动基地的建立,为党支部、团队活动的开展拓宽活动的平台,"青春广场"、心中的楷模"红色广场"、团队教育阵地"党团队一体化工作室"、"红色文化长廊"等实地学习,增强趣味性。

二、扎实组织教育，增强团队活力

团队的组织生活是团队内政治生活的重要组成部分，是团队组织对团员、队员进行思想道德教育，政治启蒙教育和自我教育的重要途径。团队的组织生活的开展不仅是为了服务团员、队员，提升他们的素质，更是为了让广大青少年儿童紧密地团结在党的周围。由此，提高团队组织生活的质量更为重要。学校结合自身九年一贯制的优势，围绕开展学习活动，开展批评与自我批评，民主决定团内重要事务，结合"三会两制一课"制度，坚持政治性、思想性、原则性等基本原则，创新性地开展团队的组织生活。

（一）开展团队组织生活的重要意义

1. 团队的组织生活是全面提高青少年儿童素质、发挥其先锋模范作用的保证。一是通过团队的组织生活提高团员队员们的思想认识。二是通过团队的组织生活增强团员队员的组织意识。三是通过团队的组织生活增强团员队员的纪律意识、责任意识。四是通过团队的组织生活监督团员队员们履行义务、行使权力。

2. 团队的组织生活是团队组织加强自身建设，提高团队战斗力的有效途径。一是健全团队的组织生活能够促进团队的思想建设，保持共青团少先队组织的先进性。二是健全团队的组织生活能够推动共青团少先队组织各项工作任务的实施，提高团队组织的战斗力。三是健全团队的组织生活能够保持团队组织的民主性，加强团支部、少工委组织的建设。

（二）开展团队组织生活的具体措施

1. 充分调动学校资源，加强团队组织生活建设

学校作为青少年儿童学习和生活的场所，也是学校团支部、少工委的组织领导机构，团支部、少工委充分利用学校现有资源，以确保团队组织生活的顺利开展。这些资源有：

（1）阵地资源：学校创建了红心传承，党团队一体化阵地版图，如党团队教育阵地"党团队一体化工作室"、"青春广场"、心中的楷模"红色广场"、"红色文化长廊"，学校微信公众号、抖音号、快手号。

(2) 队伍资源：学校创新性的开启党员引领团员，团员引领队员，全体老师均可参加团队活动的新模式。

(3) 课程资源：学校在国家课程的基础上，开发了红色学科课程、红色节日课程、红色影视课程、特色社团课程。团队组织充分利用学校现有的各种资源，紧密结合团队自身的实际情况，创新性地开展团队组织生活。为确保团队组织生活的实用性、丰富性，学校在考核方面一改以往只关注团队组织生活的内容和数量，而是更侧重于对团队组织生活的质量和结果的考核。

2. 坚持组织生活的民主性，提升团员队员素质

坚持组织生活的民主性，是保持团队组织活力的法宝。我校创新性的实行"一二一"的组织生活模式。即，学校团队组织共包含学习部、卫计委、纪律部、文艺部、宣传部等几个部门，一是指每个部的部长；二是两名团委队委的其他人员；一是指一个班级，以上几个部分组成一个活动小组，学校团队组织会根据不同的时间节点，不同的主题内容，安排不同的小组进行策划活动，负责设计活动的小组作为活动的主要策划人员，其他小组则作为辅助，收集不同班级不同学生提出的好的活动建议。也就是每次活动都集大家的智慧于一体，既锻炼了学生们的能力，提升了他们的整体素质，还丰富了活动的内容及形式，从而达到团队组织生活的创新。

3. 加大团队干部培养，提升团队组织活力

团队干部在团队组织生活中不仅起着关键的引领作用，而且还决定着团队组织生活质量的高低。为了充分发挥团队组织的育人价值，学校在团队干部的选拔与培养上也相当的重视。首先，团队干部的选拔，学校团队组织实行严格的选拔制度，第一环节由各中队辅导员或班主任进行宣传培训，让每位同学知晓团队干部选拔的环节及具体要求；第二环节进行纸笔测试；第三环节进行中队内或者班级内的民主选拔；最后各班或中队择优上报5名。学校团队组织进行二次考核，以答辩的形式进行，根据考核结果，最后选拔前百分之六十的学生作为团队组织的干部。其次，团队干部的培训，为了切实提高团队干部的综合素质，学校还规定对团队干部实行月培训制度。培训任务主要由学校的大队辅导员团支书、以及一些先进的党员

教师等来承担。团队干部的素养得到了提高，整个团队组织也就充满了活力，团队活动的开展才能更加地规范、科学且具有创新性。

4. 创新思政教育内容，提升团员队员思想认知

团员、队员是中国共产党的接班人、后备军，加强思想政治教育是一切活动开展的前提与保障。近年来，随着经济的不断发展，网络对当下青少年儿童的成长有着深远的影响，网络对团员队员们思想教育也起着不可替代的作用。学校特别重视对团员、队员进行思想政治教育形式的创新，如利用学校特有的微信公众号、快手号、抖音号等开辟特定的区域，对团员、队员进行思想政治教育，创新网络教育形式；利用好学习强国、青年大学习、红领巾课堂等学习平台，对团员、队员进行思想政治教育，拓宽教育的渠道，扩大教育效果。

5. 创新组织生活形式，提高团队组织生活质量

为了创新团队组织生活的形式，提高团队组织生活的质量。学校还创新性地开展了片区内跨校区开展团队组织生活，充分发挥各个学校的团队活动特色进行融合，虽然每个学校的团队组织生活开展内容及形式大同小异，但各自学校坚持的教学理念和教育侧重点是不尽相同的。所有学校通过联合组织团队活动，深化推广活动开展的深度和广度，从而有效提升团队组织生活的质量。

第八章

健全"三有三引"党团队一体化保障机制

党团队一体化建设作为一项复杂工程，必须要有完善化的保障作为根本支持，本研究所涉及的长效保障机制，必须包括组织、机制、安全、经费保障这四个方面。本研究健全了党、团、队共同参与"三有三引"联席会议制度，实现了组织保障、机制保障、安全保障、经费保障等"四方"保障机制。在组织保障建设当中，构建了完善化的组织体系，做好了组织内部的职责分工，落实了责任制度；安全保障就是各项党团队建设活动的实施都将保障学生的身心安全作为基础，完善了安全保障措施，做好了安全工作预案，防范了安全事故与风险；机制保障涉及监督机制、激励机制、培训机制等多项内容，有效弥补了党团队建设当中存在的不足；经费保障主要是确保了资金的充分投入，通过资金管理保证了资金的利用效益。

第一节 健全组织保障领导

一、实行调研制、例会制、协议制、学分制等多措并举

健全党、团、队共同参与"三有三引"联席会议制度，推进党团队一体化建设的科学化、民主化、规范化，确保各项工作科学高效运作，定期召开联席会议，沟通信息，交流工作，研究、讨论和解决工作中遇到的问题，以党组织为核心，建立健全团、队组织，做到机构上对应设置，人员上交叉任职，工作上统一协调。

二、建立健全党团队一体化建设长效机制

不断完善组织保障、机制保障、安全保障、经费保障等"四方"保障机制，建立和完善党团队一体化管理制度，明确职责、动态管理，即时响应和保障安全等管理原则、规定和职责，确保党团队一体化有效运行。加强党团队一体化信息化人才队伍的建设和储备，紧跟时代潮流和最新发展动态，使党团队一体化建设高效、平稳、顺畅运行。确保经费持续充足投入，加强经费管理，提高资金使用效益。只有各项保障到位，物力人力充足，才能最大限度发挥出党团队一体化建设的先进优势，构建内容充实的发展平台。

三、党团队一体化建设

党团队一体化建设给学校的方方面面带来可喜变化，在学习强国学习工作中，受到了全体教师思想上的高度认可，特别是老教师刘昭清、韩金国、郑秋兰、刘爱芹等，每天都顶格学习，门卫孟繁涛同志坚持在学习强国QQ群里分享心得，交流经验。近年来，九年一贯制农村学校整体学习强国学习情况位列全街道、甚至全区先进行列。

变化最显著的就是学生"精气神"的变化，周一升旗仪式上，同学们不再是低着头念稿子，不再是有气无力的宣誓，取而代之的是他们的自信、激情和卓越，是学生激昂、铿锵有力发自内心的宣誓、口号和自信昂扬的脱稿演讲；校园里，多了低头捡垃圾的同学，多了文明监督、安全检查"小小志愿者"，少了跑跳打闹、大声喧哗的同学；在三校共同体教学研讨活动中，课堂上学生规范的上课行为，大方条理的展演，无不令老师们交口称赞；在临淄区文明校园创建中，学校优美的校园环境，学生良好的文明习惯，老师们热情得体、自信熟练的自然问答，都得到与会领导的高度赞扬。

总之，队、团、党这三个成长台阶，是学校教育最耀眼的生命自觉成长的轨迹。我们如何帮助更多老师、学子沿着这条成长链，一步一个脚印走向未来，这是教育工作者面临的重要主题，也是每一个教育工作者的崇高责任！我们会一如既往，在下一步的工作中，不忘初心、砥砺前行，用

"壮志断腕"的雄心和壮志，决心将党团队一体化这项工作持续研究下去。

第二节　完善安全保障措施

建设"红心传承"党团队一体化红色阵地版图与"红心研习"党团队一体化精品课程属于校外集体性实践活动。此类活动安全风险涉及一般性的活动风险，同时也扩大至餐饮、交通、住宿等更为复杂的安全问题。要想顺利推进，必须完善相关的法律法规制度，明确安全法律责任的划分，要构建常态化的安全保障机制。

一、建立安全员跟踪制度

（一）指定安全员专门负责安全事务的监督与协调。将每次"红心传承"与"红心研习"活动（后称"研习活动""红心研习"）的人员配置和安全责任落实到位。活动前对党、团、队员开展专题安全教育，发放活动指南和告家长书；每次校外活动都要安排校医或者聘请校外医护人员随行，以便有意外伤害发生时第一时间将受伤人员进行救助。安全员在活动过程中要着装统一，佩戴安全标识，具备一定的应急知识技能，如果遇到突发的事故能够及时施以援助。

（二）活动时，中队辅导员、团支部书记、党支部书记是各中队、团支部、党支部的具体责任人，其中，每中队配备不少于2人的随行"红心研习"导师。出发前各中队要清点人数，做好安全教育及活动安排，研习导师负连带责任。中队辅导员和中队研习导师将团员、队员分成若干小组，每个小组以5人为宜，形成研习活动的"微观神经元"。对于这些微观小团体的管理，由中队长和小队长竞选，组员分工协作，形成人人有事干，个个有责任的和谐氛围，由此降低安全风险和管理难度。

（三）以级部牵头，把好随从关，级部选择认真负责、有较强管理能力的团员或党员教师随从，邀请有一技之长的家长随从，保障"红心传承"与"红心研习"校外活动工作安全有序。党支部层面要与带队辅导员、中队研学导师以及随行家长签订安全责任书，将安全教育协管责任落实到位。

二、健全安全保障制度

研习接送车辆纳入公交体系或委托有资质的企业或机构，制定突发安全事故应急处理方案，交通事故的处理方案以及突发事故的善后处理方案等。

（一）以家长委员会牵头，把好证件关，严查红色实践基地和旅游公司证照是否齐全、经营信誉是否良好。

（二）活动前一天了解天气情况，出发时遇有天气突变，对行车安全有影响时，要采取果断措施，立即通知承办单位做出延时或变更处理。

（三）活动前要求承办单位检查车辆状况，车况不好不能出车或必须换车。

（四）车辆途中故障影响安全时必须停车，换车后再出发。

（五）发生交通事故后，有严重受伤的要立即拨打122、120，并组织急救，视伤情确定先送医院还是先紧急处理后再送医院；安定团队成员情绪，检查、询问相关人员受伤情况，将受伤人员送医院检查、治疗；报告上级领导，做好后续工作；联系承办单位做好善后赔偿工作。

（六）突发事故的善后处理：第一，成立事故处理小组，负责与家庭、公安、医院、保险公司的接洽，妥善处理好善后工作并作出书面报告，总结教训。第二，外出研习活动期间发生安全事故时，领导小组应立即进行现场紧急处理，必要时送受伤人员到医院检查治疗。

三、建立人身安全保险制度

（一）继续投保校方责任保险，统一为研习活动人员购买意外伤害险。研习活动的开展存在较大的安全风险时，研习活动各方应购买好相关的保险。一旦意外发生，可以维护参加活动人员的正当权益，并能够及时获得补偿。

（二）加强对党团队员的安全教育，提高其自我保护意识。"红心传承"与"红心研习"活动的安全教育工作是构建安全保障体系的重要内容。因此，必须落实研习活动的安全教育，树立"安全第一"的责任意识。

（三）对于特殊体质的党团队员参加研学活动时，要邀请其监护人参与陪同，同时也参与到中队的安全管理中。

四、健全校外教育联席会议制度

取得家长的支持和配合会使研习活动开展得更加顺利，因此要加强和家长的联系，争取家长参与到活动中来，激发家长的教育功能，不断增进亲子和谐。

（一）党支部组织"红心研习"活动前，召开家长委员会议，充分研究活动方案，公布活动详细计划，由团员、队员自愿报名参加并且由党支部和家长签订自愿报名参加协议，活动过程公开、透明。

（二）形成学校、家庭、社会共同支持党团队员参加研习活动的良好育人环境。充分发挥家长委员会的作用，利用好家长资源，让家长关心、支持学校的党团队一体化研习活动。为学生"红心研习"积极创造条件，提供学生课余生活和假期研学的资源。

（三）规范就餐行为：辅导员和家长志愿者认真履行工作职责，每次用餐时，认真检查学员的用餐情况，督促教育学员节约爱惜粮食。用餐时，不准喧哗，保持安静；不准往地上吐饭菜；不准把剩余饭菜倒在桌子上，饭后必须及时清理桌上饭菜渣，按规定倒入渣桶，把餐具放入指定位置；用餐时不要着急，以免烫伤；不要拥挤，饭不够可叫服务员再上，也可以向老师反映。

（四）规范住宿行为：不得夜间擅自外出，有需要请告知全陪导师或辅导员，并要有人陪同，应特别注意安全。入住时检查宾馆设施是否有问题，如有，及时通知导师或辅导员。晚上按时就寝，查房后锁好门，不要让陌生人进入。宾馆洗澡时不要嬉戏，注意防滑，调好水温，防止烫伤。不得触摸电器线路板、插座等带电设施。

五、落实"红心研习"活动备案制度

各单位至少提前一周将"红心研习"活动方案和应急预案交区教体局基础教育科备案。

（一）以党支部牵头，把好预案关。学校每次"红心研习"都做到活动有方案，行前有备案，应急有预案，并将活动方案、安全预案上报区教育局审批。

（二）在"红心研习"活动中，对可能出现的安全事故采取相应的策略，针对研习活动中容易发生的问题，必须制定一套规范的安全事故管理措施，控制活动中可能发生的事故。

（三）在"红心研习"前，对研学旅行基地环境、场地进行仔细的勘察，了解研学旅行的注意事项，综合考虑各大安全隐患，解决实际问题，排除安全问题的发生。

（四）完善法规制度建设，制定相应的安全法规制度体系，提高相关人员对"红心研习"安全问题的关注度。能够规范指导研习实践中的安全行为，促进红心研习工作顺利开展。

第三节 建立经费保障机制

党团队一体化建设活动经费主要用于校外"红心研习"实践活动。"红心研习"是学校教育和校外教育衔接的创新形式，是适应我国党团队教育发展的教育领域新举措，对于教育和社会经济的发展具有重要意义。教育部等部门《关于推进中小学研学旅行的意见》指出，各地可采取多种形式、多种渠道筹措中小学生研学旅行经费，探索建立政府、学校、社会、家庭共同承担的多元化经费筹措机制。但在实际操作中，政府、学校、社会承担的部分有限，家庭仍然是研学旅行经费的主要来源，这就客观加重了学生家庭经济负担。特别对农村和城市收入较低的家庭来说，家长长时间体力劳动赚来的辛苦钱往往是家庭日常生活开支所需，而在他们眼里带有休闲玩乐意味的研学旅行活动，难以被他们理解和支持。甚至部分家长对学

校组织研学旅行有误解,认为是学校的敛财手段,产生抵触情绪。从各地研学旅行开展的现状来看,积极参与研学旅行的孩子家庭经济状况大都较为宽裕,低收入家庭学生参与率不高,这种情况可能造成学生攀比心理或自卑心理,一定程度上也影响了教育均衡发展。因此:

一、协调街道政府确立党团队一体化建设专项资金保障

建立起试验学校所属街道公共财政对党团队一体化实践活动的经费保障机制,划定实践活动的专项经费,尤其要对农村学校和城市低收入家庭学生实践活动出台经费保障措施。要形成监督问责机制,确保经费的到位和使用。

二、明确校外"红心研习"实践活动非营利性的公益原则

一方面,相关资质机构的性质应该为不以营利为目的的公益性组织,有关政府部门应加强研学旅行机构的监督管理,定期对其收支情况进行审计,帮助其回归公益属性。由区教体局和旅游部门协调沟通,争取到大部分红色实践基地对学生采取全免的优惠政策,和主管餐饮的部分沟通,在食宿方面给予党团队员一定的优惠,对家庭条件实在困难的学生免除出行费用。另一方面,以党支部、公益组织为筹措"红心研习"经费的主体,通过企业捐赠、基金捐赠和个人捐赠等方式增加经费来源。

三、经费有限的情况下提倡市内或短途"红心研习"

在现阶段经费筹措困难,资金有限的情况下,各校特别是农村学校可以根据当地资源情况,因地制宜就近选择活动地点,安排短期研学旅行,压缩费用减轻学生家庭负担。

四、适当收取团员、队员家庭研学旅行费用

在得到家长理解支持的情况下,可以适当向其家庭收取费用,补助研

学旅行开支。采用这种方式，最好要合理确定家庭负担的比例，并且要对低收入家庭学生参与研学旅行给予保障。

五、大力宣传开展党团队一体化教育意义

借助国内外开展红色研学的成功案例，通过家长会宣讲、媒体宣传等方式，让学生家长和学校教师认识到研学旅行对于培育学生的意义，进而得到理解和支持。

第四节 建立政策保障机制

一、完善党团队一体化试点工作推进机制

建立党团队一体化工作协调推进机制。探索建立政府统筹、部门协作、教育行政部门主导、学校主体、家长支持的党团队一体化教育工作协调推进机制。其中，"红心研习"红色研学实践工作成立由区教体局牵头，发改、公安、财政、交通、文化、林业、旅游、食品药品监管、保监和共青团等相关部门、组织共同参加的红色研学实践工作协调小组，负责对学校"红心研习"红色研学实践的统筹规划和管理指导，办事机构设在区教体局。学校本部成立相应的组织协调机构，负责组织协调各部门共同推进党团队一体化教育工作的开展。学校党支部切实履行了责任，牵头协调组织党团队一体化课题试验学校和红色研学课题试验学校实施工作。同时，成立了专门机构，结合本地实际制订实施方案，建立了相关制度，积极组织实施。

二、明确了党团队一体化建设学校工作实施流程

（一）精心确定党团队一体化教育主题

学校强化调研，根据区域特色、学生年龄特点和党团队教育内容需要，精心策划，确定明确主题，设计科学路线，注重突出党团队教育的专业性、知识性和趣味性，同时结合校内外红色岩系线路，按党团队活动主题安排

至少一名党员教师作为党团队一体化指导老师，围绕党团队主题开展指导研究。

（二）科学制定党团队一体化红色岩系方案

学校组织校外红色岩系前，科学制定活动方案和安全应急预案。组织市内红色岩系活动时，至少提前一周持活动方案和安全应急预案到区教育局业务主管科室备案；组织市外国内研学活动时，至少提前两周，组织国外研学活动时，至少提前四周，以学校正式红头文件的形式（附活动方案和安全应急预案）到区教体局办公室审批，经局党组审核通过后方可组织活动。经过备案、审批的红色岩系活动，学校不得擅自变更活动的时间、地点、内容或者扩大活动的规模等。

（三）公开公正选择有资质的机构

旅行社要有固定经营场所、专门服务于研学旅行的部门以及专职的研学旅行导游队伍；旅行社应具备100万以上的注册资金和30人以上的员工队伍，在近三年内无重大质量投诉、经济纠纷及安全责任事故等不良记录；开展境内游时投保责任险保险额不低于60万元/人、旅游人身意外险保险额不低于25万元/人；开展境外游时必须选择有出境资质的旅行社，投保责任险保险额不低于100万元/人、旅游人身意外险保险额不低于50万元/人。在家长和学生自愿的前提下，也可以委托有资质的校外教育机构及旅游、文化等机构组织实施研学旅行活动（相关资质参考旅行社标准执行）。在选择委托的研学旅行企业或机构时，原则上要通过公开竞标、家委会投票等方式确定。

三、推出了党团队一体化红色岩系优秀模式

学校在红色岩系工作中注重本土文化特色，课程内容体现乡土化、民族化、校本化。通过反复实践、钻研、再实践的基础上，最终确定了"党团队一体化育人目标→红心研习课程准备→校外红色岩系实践探索→校内党团队实践活动策划→传统文化典故→课程链接"六环一体化党团队教育

模式，在校内外党团队一体化实践的过程中起航、锤炼、拓展、升华，遵循实践感受、实践领悟、实践锤炼、实践升华的作用机理，进一步深化其内涵发展，以实现通过实践来育人的目标。

四、多方联动打造了党团队一体化红色岩系合作模式

健全公安、旅游、文化等部门参与的校外教育联席会议制度，统筹协调学校红色岩系事宜，同时充分发挥家长委员会作用，形成常态化、高效率的红色岩系社会化合作模式，真正做到科学规划、规范管理、责任清晰、保障安全。同时，开展红色岩系实践活动是一项社会综合活动，需要旅游、交通、文化、园林、工厂、农村、部队、高等院校、校外教育基地、烈士陵园、红色旅游景点的大力支持，形成全社会关心下一代成长氛围。学校通过主动联系、积极争取、建立合作机制等方式形成"红心研习"红色研学合作模式。同时，预先做好每一次"红心研习"主题活动方案，突出活动过程中的党团队一体化教育环节，建立常态化的红色研学旅行合作部门和单位。经过几年的实践，逐渐探索出了一条政府统筹、部门协作、教育行政部门主导、学校主体、家长支持的党团队一体化红色研学旅行工作路子，营造全社会立体化育人的良好氛围。

第九章

构建"三有三引"党团队一体化评价机制

党的十九大以来,加强对青年群体的思想政治引领、坚定理想信念是党中央对党、团、队工作最集中和最明确的要求。与其他社会组织相比,共产党、共青团、少先队的先进性主要体现在它是由先进的思想、先进的政治理念武装起来的组织。所以,开展新时代党团队先进性建设的首要工作就是紧抓对队员、团员和党员的思想政治引领,关键也是思想政治引领。结合实际调研发现,政治性的落实要与党、团、队员先进的"时代感""个性化""获得感""参与感"相结合,具体在提倡现代文明生活中展现党、团、队员的先进性,在建功新时代中展现党、团、队员先进性,在学校教育生活中展现党、团、队员先进性,在弘扬社会主义民主法治中展现党、团、队员先进性。

因此,脱离了政治性的党、团、队员先进性是没有灵魂的,缺乏路径的党、团、队员先进性建设是没有实效的。据此,本研究从党、团、队员先进性评价指标的思想性、组织活动性、作为性、模范带头性四个维度,进一步构建了党、团、队员先进性评价指标体系。

党、团、队员先进性建设是一个系统工程,不仅涉及党、团、队员自身的优秀表现,也包括其所在组织内的优秀程度。因此,在党、团、队员先进性的评价模型中,我们首次加入了"党、团、队员所在组织的先进性"这一组织活动维度。希望通过党、团、队组织的先进性来保障党、团、队员的先进性,从而实现党、团、队员先进性建设的系统性和持续性。此外,根据本评价体系所遵从的"基于证据"的评价原则,党、团、队员所在基层组织被赋予了党、团、队员先进性评价工作的基础数据采集、保存、分析和使用等多方面的工作和职能,因此,从本研究所提的评价体系实施角度分析,也有必要将"所在组织建设作为"作为一个评价维度。总体而言,通过评价体系的建设,还可以推进和强化党团队的基层组织建设,实现党团队先进性建设一体化推进。

第一节 思想评价

一、政治思想先进评价

政治的主要含义就是借助公权力的运行来处理社会公共事务,从而实现社会发展,维护良好的社会秩序。所以,政治性也就可以理解为各种政治组织或社会力量利用自身功能,对社会事务处理、公权力行使、社会秩序构建等所产生的影响的特性。从党团队近百年的历史来看,党团队之间的特殊关系是先进组织的唯一来源。所以,党团队政治性的含义就可以从三个方面加以理解:第一,共青团、少先队是党领导的青年组织和儿童组织,坚持和维护中国共产党领导,把巩固和扩大党执政基础作为政治责任,失去了党的领导,共青团和少先队也就失去了存在的合法性基础;第二,共青团是青年的政治组织,少先队是儿童的政治组织,都是党领导下的先进青年和儿童的群团组织,服务青年、凝聚青年、引领青年是团的基本职能,团结教育少年儿童,听党的话、跟党走是少先队的目的;第三,共青团和少先队是具有模范带头作用的组织,其中,共青团代表了我国广大的先进青年群体,是青年群体中的生力军和先锋队,始终坚持把围绕中心服务大局作为组织使命,是中国少年儿童的群团组织,是少年儿童学习中国特色社会主义和共产主义的学校,是建设社会主义和共产主义的预备队。

总之,党员、团员、队员先进性的首要表现就是政治思想的先进性,集中体现为拥护党的路线、方针、政策,增强"四个意识"、坚定"四个自信"、做到"两个维护",坚决贯彻党的意志和主张,严守政治纪律和政治规矩。作为共产党、共青团、少先队组织的一员，必须承认组织的章程、服从组织的领导，以党、团、队员的义务来落实和体现政治思想的先进性（如表9-1所示）。

表9-1 政治思想先进评价维度

逻辑框架	二级指标	监测指标	数据来源
外部政治性	自觉拥护党组织的领导	政治立场坚定，"四个意识"牢固，做到"两个维护"。自觉抵制违背党中央精神的错误言行	民主测评情况、"三会两制一课"学习情况、其他形式的学习成果
	深入学习党的理论	认真学习党的理论，特别是认真学习习近平新时代中国特色社会主义思想	基层党团队组织、政治学习成绩等
	贯彻党的方针政策	认真落实党的各项方针政策	民主测评情况
		参加党团队组织活动的情况	基层党团队组织、政治学习成绩等
内部政治性	认真落实党团队的要求	获得党团队组织嘉奖的情况	基层党团队组织
		对党团队组织工作出谋划策情况	基层党团队组织

二、道德品行先进评价

国家的前途，民族的命运，人民的幸福，是当代中国青年及少年儿童必须和必将承担的重任。青少年群体是社会发展的有生力量，青少年群体思想道德状况直接关系党的事业的兴衰成败，关系红色基因能否代代相传。习近平总书记多次从国家战略高度，深刻论述了思想道德建设的极端重要性，围绕青少年树立远大理想信念、践行社会主义核心价值观、努力学习、严格自律等做了深入分析。基于此，本研究从学校党团队员的实际生活出发，将党团队员的道德品行先进性具体到三个层面，即：在工作、生活中作风正派，奋斗进取，甘于奉献，并设计了对应的监测指标（如表9-2所示）。

表9-2　道德品行先进评价维度

逻辑框架	二级指标	监测指标	数据来源
外部功能性	作风正派	品行端正，道德规范	基层党团队组织/民主测评情况
外部功能性	奋斗进取	工作勤勉，学习刻苦	基层党团队组织/民主测评情况
外部功能性	甘于奉献	自愿服务，助人为乐	参与志愿服务记录/媒体报道/群众反映

第二节　活动评价

基层组织是共产党、共青团和少先队的全部工作和战斗力的基础，加强基层建设是党团队履行职责使命的内在要求，是提升党团队员先进性的重要抓手。因此，按照党中央"坚持围绕中心、服务大局，坚持服务党员、按需施教，坚持继承创新、注重实效"的党员发展与教育管理思路，团中央"坚持标准、控制规模、提高质量、发挥作用"的团员发展与教育管理思路，少先队"教育性、趣味性、自主性、实践性"的组织活动原则，本评价指标加入了"组织生活先进"评价维度，通过对基层组织在"党团队员发展"和"党团队员教育管理"两方面工作的监测，确保党团队员在入口与日常政治生活中先进性的实现，这也有利于形成一个"全方位、深层次、持续性"的党团队员先进性教育体系（如表9-3所示）。

表9-3　组织活动先进评价维度

逻辑框架	二级指标	监测指标	数据来源
内部政治性	严格党团队员发展	对申请人的入团做到认真核实 合理控制党员团员比例	基层党团队组织
外部政治性	严格党团队员教育管理	严格落实"推优入党" 严格落实"三会一课制度" 对团员的先进性教育形成制度化举措	基层党团队组织

第三节 作为评价

一、能力业绩先进

党团队员的先锋模范作用是具体的、历史的，不同领域、不同的时代赋予先锋模范作用不同的内涵和具体要求，但无论时代如何变化，党团队员敢于争先，引领不同群体作贡献的光荣传统始终没有变，能力业绩先进是党团队员先进性在实践中最直观的具体体现。据此，本研究将党团队员"作为评价"具体为"能力业绩"，该维度主要是从客观评价党团队员在学习、工作岗位中所做出成绩的角度提出的，该指标与实际工作相结合，是最容易量化考核，也最容易得到广大党团队员和学校认可的"先进性"指标（如表9-4所示）。

表9-4 能力业绩先进评价维度

逻辑框架	二级指标	监测指标	数据来源
外部功能性	能力突出	为国家、学校作出突出贡献（科技发明、奖励等）	第三方机构
		工作、学习成绩优异	第三方机构
	业绩突出	以党团队员身份在竞赛、公开活动中获得荣誉	第三方机构
		在党团队、单位的集体荣誉和工作中作出突出贡献	第三方机构
	团队贡献	所在组织对其工作的认可度	基层党团队组织/民主测评情况

二、执行纪律先进

加强党团队的纪律建设是全面从严治党、从严治团的重要内容、基本途径和有效载体。执行纪律上先进可概括为：积极向党章党纪看齐，模范遵守团章团纪和队章队纪，认真执行上级组织的决议，自觉履行党团队员义务，积极参加党团队的组织生活和活动。自觉遵守国家法律法规，坚决贯彻依法治国基本方略，在尊法学法守法用法中做表率，带头遵守学校各项规章制度。

由于上述部分要求已经在本评价标准的"政治先进性"等维度上进行了表述，所以，本部分评价从"模范遵守组织章程和纪律，认真执行组织的决议，自觉履行组织义务，积极参加组织生活和活动"和"自觉遵守国家法律法规"出发，聚焦组织规章制度和国家法律法规两个层面进行监测。同时结合"不良行为记录"的考核方式，对党团队员的违法违纪行为进行"一票否决"，凡是出现不良行为记录的党团队员，直接拉入党团队员先进性评价的"黑名单"。对于日常行为记录良好的党团队员则给基本分，对于积极"同身边的违法违纪行为作斗争"的党团队员则可以进行适当的加分（如表9-5所示）。

表9-5　执行纪律先进评价维度

逻辑框架	二级指标	监测指标	数据来源
内部政治性	模范遵守章程纪律，认真执行组织的决议	遵守章程纪律情况，履行党团队员义务，无违纪记录	基层党团队组织
外部政治性	严格遵守国家法律规定	无违法违纪行为记录	基层党团队组织/第三方机构 基层党团队组织/第三方机构
		同身边的违法违纪行为作斗争	

第四节　模范评价

党团队员的先进性要求党团队员始终走在群体前列，要做同龄人的榜样，发挥模范带头作用，起到先锋示范作用。榜样意识是实现模范带头作用的基础，党团队员的榜样示范意识来自其内心对党团队员身份的高度认同。党团队员要从潜意识中认识到自身与同类群体在先进性上的区别，用更高更严格的标准来要求自己，牢记自己的党团队员身份，增强党团队员的责任感，提高党团队员的榜样意识。要在生活、工作和学习等方面与祖国同呼吸，与党团队组织共命运，发挥先锋模范作用。

作为群类中的先进分子，党团队员应当准确把握党团队员先锋模范作用的新时代坐标,积极响应党的号召,在"党有号召,我有行动"光荣传统的指引下,积极进取走在前,把个人理想和国家的发展目标有机结合起来,立大志,做实事,在勤奋学习中提升自己的知识与能力,用乐观的精神、高尚的品德和优异的成果来影响、带动周围的群体共同奋斗。

因此,本研究将"模范带头"列为党团队员先进性的指标维度,该指标主要强调和突出党团队员要在大是大非面前,敢于亮明立场,敢于表明态度;在党和国家有号召时,要积极响应并带头贯彻执行。时代示范先进与能力业绩先进的区别在于更加强调监测党团队员对党团队工作的响应和带头作用发挥的状况(如表9-6所示)。

表9-6 模范带头先进评价维度

逻辑框架	二级指标	监测指标	数据来源
内部政治性	具有表率作用	在工作中,率先落实开展党团队的工作	基层党团队组织/民主测评情况
		自觉督促其他党团队员履行团员义务	基层党团队组织/民主测评情况
外部功能性	善于创新创造	创新工作案例、组织奖励、专业技能证书等	第三方机构
外部功能性	响应党的号召	积极响应党和国家有关号召,主动地开展相应的活动,在本地区、本系统、本领域具有突出代表性	基层党团队组织/所在单位
外部功能性	产生广泛影响	和典型示范性,取得社会公认的业绩,对广大党团队员具有重要示范带动作用。党团队成员中无违法违纪违规情况	基层党团队组织/所在单位/媒体报道等

第十章

分析、讨论和建议

第一节 分析

一、学生层面

在党团队一体化的推动下，学校通过完善的活动一体化、课程一体化、评价一体化、阵地一体化建设等措施，加强"团队衔接"，学校还出台了《九年一贯制农村学校"双积双评"推优入团·作实施细则》，将红领巾奖章评优办法与推优入团相结合，使团队评价管理机制一体化。同时学校为队员们建立团队员成长档案制度，实现中小学贯通的队籍管理制度，激励队员不断向上、向前。

二、教师层面

在党团队一体化研究的过程中，从学校辅导员队伍的实际发展情况来看，首先，辅导员的专业性得到提升，过去学校辅导员缺乏相关的专业性培训。在党团队一体化实施过程中，为了更好地促进学校党团队一体化建设，学校为辅导员老师制定了长期系统的培训，在培训过程中，学校辅导员的专业化得到提升。另外，在课题的研究中，辅导员一改以前的只搞活动、不搞研究的现状，逐步开始深入少先队研究工作，使自身的研究力得以提升。在各项专业化学习及研究的过程中，辅导员的自我认知与角色定位也发生了很大的转变，他们更加热爱胸前的红领巾，更加热情地投身于红领巾事业中来了。

三、学校层面

学校借助自身九年一贯制优势，通过对党团队一体化的研究，形成了自己的党团队活动品牌。在党团队一体化推进过程中，学校形成了相对完备的党团队一体化制度，形成了符合我校学生发展实际的党团队一体化课程，建立了完善的团队一体化推优办法，加强了党员、团员、队员之间的联系，学校领导多次进行党团队一体化建设经验交流及现场展示，形成学校自身发展的特色品牌。

四、课程层面

在党团队活动课程方面，学校结合自身实际，利用学校现有资源，已经梳理出红色学科课程体系、红色节日课程体系、红色影视课程体系、红色研学课程体系。打造"红心传承"党团队一体化红色阵地版图，为学校党团队一体化的推进奠定了基础。

（一）挖掘学科课程资源，打造"红色学科课程"

挖掘语文、音乐、美术、道德与法治等教材中的红色学科资源，如语文中的革命事迹、音乐中的红色歌曲、道德与法治中的红色德育形成国家和地方红色学科课程，通过对红色文化课程资源进行筛选、重组，打造校本红色课程，形成国家、地方、校本三级课程体系建设。

（二）挖掘红色节日资源，开发红色节日课程

学校把抗日战争胜利纪念日、革命烈士纪念日、国庆节、建党节、建队节、一二九运动纪念日等，作为学校开展爱国主义教育活动的节日，并形成不同的红色主题节日课程。

（三）搜集爱国影视资源，开发红色影视课程

一是搜集《大国崛起》《复兴之路》《战狼》《红海行动》等红色影片，

对经典片段赏析，形成红色爱国课程；二是扎实开展国史、党史、改革开放史方面的影视观看活动，形成红色史诗课程；三是每日中午十五分钟，借助"学习强国"资源中的"'时评'身边的感动""新时代楷模"等模块让少先队学习，形成红色强国课程。

第二节 讨论

问题一：学校辅导员老师一般由班主任兼任，缺乏专业的辅导员老师，辅导员队伍不够专业。

问题二：重队轻团的现象依然存在。

第三节 建议

一、辅导员队伍不专业的问题

针对辅导员队伍不专业的问题，可以聘请专业的辅导员团队进驻学校，定期进行指导培训。另外，学校也要通过各种形式引领辅导员主动积极学习相关的理论知识，并在实践中发现问题，做深入研究。针对重队轻团的现象，应该提高团员的参与性，跟进入团后教育。学校在举行相同的团队主题活动时，可一同合并举办，但应各有侧重点与突出的教育内容。少先队突出群众性、预备性、进取性，共青团突出先进性、榜样性、带领性。定期举行重大团日活动，使得初中阶段的团员教育有始有终，善始善终，而非徒有虚名，一具空壳，潦草收场。

二、研究不足之处

在本课题中，笔者对九年一贯制党团队一体化建设的内涵、路径与策略进行了构建，主要的研究主题是当前农村学校党团队一体化存在的问题以及提出解决对策，由于篇幅与主题的限制，故而未对团前教育、团校教育等内容做非常深入细致的分析。

三、对研究结果及其推广使用提出建设性意见

（一）加强理论研究，提升团队干部素养

首先，学术界、党团队工作研究者需要加强对党团队一体化的理论研究，为国家团队工作政策的制定提供理论基础，为基层党团队干部、教育工作者提供实践理论依据，避免实践工作中的盲目与迷茫。其次，基层党团队工作者自身要加强对党团队一体化的钻研探索，积极学习，并结合自身在实践中遭遇的困境与挑战，主动寻求解决办法，培养探索问题的意识与研究精神。

（二）上级部门提供政策支持与指导

党团队一体化的理念虽然并不是新兴事物，但尚未出台关于如何在学校进行党团队一体化建设的相关政策，缺乏权威政策的支撑与引导，需要上级部门加强对党团一体化建设工作的重视，制定相关的政策与规定，同时，在当地选取党团队一体化建设课题试验学校，推行党团队一体化建设示范，效仿施行。

（三）完善辅导员岗位配置，落实相关待遇

第一，设置专门的大队辅导员岗位，加强辅导员的业务学习，提高辅导员的专业性与整体素养。第二，保障少先队活动的经费，落实辅导员待遇。

参考文献

[1] 李东兴.图说《中国少年先锋队章程》[M].广西：广西人民出版社,200(六).

[2] 中国共产主义青年团章程[M].北京：中国青年出版社,201(三).

[3] 中国青少年研究中心.初中共青团、少先队工作及团队衔接研究报告[M].天津：天津社会科学院出版社,2013:86-8(七).

[4] 马旭龙.中国少先队与美国童子军教育活动比较研究[D].昆明：云南师范大学硕士学位论文,2019:3(五).

[5] 曹琼方.中学与大学有效衔接的策略研究[D].曲阜：曲阜师范大学硕士学位论文,2018:(四).

[6] 肖如恩.大中小学社会主义核心价值观教育衔接机制研究——以江西省为例[D].南昌：南昌大学博士学位论文,201(九).

[7] 杨天真.初中少先队与共青团衔接策略研究[D].哈尔滨：哈尔滨师范大学硕士学位论文,2020.

[8] 李孝东.新时期中小学德育衔接问题研究[D].赣州：赣南师范学院硕士学位论文,201.

[9] 赵冰倩.浅析共青团、少先队衔接教育的价值意蕴[J].现代教学,2019(22):9-10.

[10] 弭龙,刘继贞.分层化构建初中少先队教育体系的现状与运作模式研究[J].河北青年管理干部学院学报,2018(03):17-20.

[11] 陈建强.实行团队交叉衔接的依据[J].当代青年研究,1991(06):47-52.

[12] 倪新明.延长队龄团队衔接——少先队组织体制改革的探讨[J].上海青少年研究,1986(02):13-1(七).

[13] 徐晓霞.初中少先队民主选举的实践探索[J].中国德育,2017(06):61-6(二).

[14] 华莉莉.初中团队一体化的实践研究与体系重构[J].少先队研究,2017(04):24-2(六).

[15] 卫安.做好"四个一",团队巧衔接[J].创新时代,2019(09):94-9(五).

[16] 郑婉婧.共青团、少先队一体化背景下仪式教育的"四个融合"[J].现代教学,2020(11B):16-1(七).

[17] 邵若莹.以少先队仪式教育为载体扎实推进初中团队一体化建设[J].少先队研究,2020(02):7-(九).

[18] 上海团市委少年部.初中团队一体化建设的尝试与思考[J].中国青年研究,1999(S1):46-4(八).

[19] 王涛.初中少先队全程全员教育实践探索[J].中国德育,2021(08):46-5(一).

[20] 陈卫东.共青团与少先队关系的历史发展[J].中国青年研究,2021(03):18-2(三).

[21] 於琴.初中共青团、少先队一体化建设的实践与思考[J].现代教学,2021(22):18-20.

[22] 陶珏."知学合一"中学共青团与少先队衔接实效性策略的实践探索[J].散文百家,2021(08):41-4(三).

[23] 实施"真善美"种子工程 构建党团队一体化阶梯式培养机制[J].中国共青团,2020(22):69-7(一).

[24] 权太旭.思想政治工作是学校工作的生命线——对齐齐哈尔市幼儿师范学校思想政治工作的调查[J].理论观察,2000(06):116-11(八).

[25] 代新杰."三有三引"理念下高校党建团队建设探赜[J].成才之路期刊,2021-11-26.

[26] 李国鹏.天津成人高校"双带头人"培育的问题与对策[J].天津职业院校联合学报,2020,22(04):93-9(七).

[27] 王倩玉,解宇宁.文化自信视域下高职院校大学生社会主义核心价值观认同教育研究[J].产业与科技论坛,2022,21(17):102-10(三).

[28] 朱杰,刘贺,周兵,刘文飞.习近平关于社会主义核心价值观重要论述的文化视阈[J].甘肃理论学刊,2019(03):31-3(六).

[29]文大稷.当代大学生实践教育研究[D].武汉华中师范大学,201(四).

[30]张杏云.开办少年团校做好推优入团——学习《少先队改革方案》(十)[J].少先队活动,2018(10):16-1(八).

[31]黄丽.抓关键 育新局 完善"党团队一体化"育人模式[J].中国共青团,2022(16):48-4(九).

[32]杨仕云.党建带队建 队建显党建——江川区伏家营中心小学党团队一体化建设案例[J].云南教育(小学教师),2022(06):44-4(五).

[33]吴亚军.党团队一体化开展党史学习教育的实践探索[J].现代教学,2022(10):71-7(四).

[34]创新"三院一体"培养体系 构建党团队一体化政治引领路径[J].中国共青团,2022(09):68-6(九).

[35]卓旭芬.党团队一体化 厚植红色基因——浙江省宁波市鄞州区江东中心教育集团"党团队一体化"教育实践活动[J].少先队活动,2022(05):4(九).

[36]魏艳."五个一体化"加强学校党团队建设[J].云南教育(视界时政版),2022(03):30-3(一).

[37]李佳琳.党团队一体化建设背景下小学开展"四史"教育的新路径[J].现代教学,2021(18):70-7(一).

附录

附录1 九年一贯制农村学校"红领巾奖章"实施方案

第一节 活动背景

为深入贯彻习近平总书记关于少年儿童和少先队工作的重要指示精神，贯彻落实习近平总书记致中国少年先锋队建队70周年贺信和致中国少年先锋队第八次全国代表大会贺信精神，全面落实共青团中央、教育部、全国少工委《关于构建阶梯式成长激励体系增强少先队员光荣感的指导意见》和《少先队2020年工作要点》有关要求，结合我校工作实际，制定我校"红领巾奖章"争章活动方案如下：

第二节 实施范围

小学一二年级全体学生、二至五年级全体少先队员

第三节 领导机构

组长：校长

副组长：德育主任 团委书记 大队辅导员

成员：各中队辅导员

第四节 奖章类别

奖章分为基础章、特色章和星级章三类。

五、实施程序

1 定章

认真落实《"红领巾奖章"实施办法》，以红领巾奖章为载体，聚焦少

先队政治启蒙和价值观塑造主责主业，根据少先队员获得基础章、特色章和星级章的情况，构建人人可行、天天可为、阶梯进步的"红领巾奖章"评价激励体系，以此作为分批入队的晋级依据。

（一）基础章（必选章）。基础章章目共设红星章、红旗章、火炬章3大章目类别，下设12种基础章，分别对应不同的年级。各年级每学期开展一次基础章的争章评定活动，每位学生只评定一次，获得该章目后每学期开展一次基础章的护章评定，评定不合格的收回相关基础章。

（二）特色章（选修章）。根据本校学生实际工作情况，围绕"德智体美劳全面发展"设定4枚特色奖章作为基础章的有益补充。学校各年级每学期开展一次特色章的争章评定活动，每位学生只评定一次，获得某项特色章后每学期进行护章评定，评定不合格的收回相关特色章。

（三）星级章（进阶章）。由校级少工委评定颁发，分为个人和集体两个类别。个人一星章由学校少工委根据少先队员获得基础章和特色章的情况，进行考察、评定、颁发。集体一星章面向中队组织，由学校少工委根据各中队开展"红领巾奖章"争章活动的成效和影响力来进行考察评定。

（四）年级奖章设置

年级	项目	内容
一年级	基础章	红星章-向阳章 红旗章-梦想章 火炬章-奉献章
	特色章	小百灵章
二年级	基础章	红星章-向阳章 红旗章-梦想章 火炬章-奉献章
	特色章	小书虫章
三年级	基础章	红星章-传承章 红旗章-小主人章 火炬章-劳动章
	特色章	创新章
四年级	基础章	红星章-立德章 红旗章-团结章 火炬章-勇敢章
	特色章	创新章
五年级	基础章	红星章-立志章 红旗章-健体章 火炬章-节约章
	特色章	博学章

二、争章

（一）首先利用少先队活动课、班会时间使队员们了解争章要求及过程。

争章尽可能与体验教育活动、各学科教育活动、兴趣小组活动和假日小队活动相结合。各中队辅导员应结合争章，有意识地辅导学生开展相关活动，协调活动实践课教师为队员争章创造条件。

（二）争章以队员自主争创为主，各中、小队制定争章计划，每月要有重点争章目标，围绕此目标，每月至少开展一次相关队活动。

三、考章

考评由各中队辅导员与相关任课教师共同进行，要体现小型、灵活，强调简便易行，重在激励。考评在中队辅导员的指导下，在中队委员会的带领下，以中队委员、小队长、队员自主考评为主。

四、颁章

（一）大队部每两月利用升旗仪式公布一次获章情况，各中队辅导员员将队员们所得奖章做好统计，盖于队员的成长手册上。

（二）报于大队部，逾期不候。

（三）大队部将各中队获章情况学期末于学校公告栏进行公示。

（四）争章活动开展情况与结果将与优秀班集体考核、三好生、品学兼优生的评比相挂钩。

（五）累计获得八枚奖章的队员，由中队推荐，学校大队部统一颁发"一星章"。

五、具体要求

（一）各班要充分发挥中、小队作用，成立由辅导员和品学兼优学生组成的考章委员会，实施过程中辅导员要严格把关。

（二）争章活动要有阶段性目标，引导学生制定争章计划。开学第一周上好争章活动启动课，保证每月一次争章课，并做好记录。

（三）辅导员要根据当前的争章内容，有针对性地开展队活动，认真上好争章活动启动课，采用灵活多样的考章办法，做好考章记录。

（四）各学科任课老师坚持课堂学科教学与达标争章相结合，辅导学生开展争章活动。

（五）各中队要教育学生认真填写学生成长档案中"红领巾奖章"争章活动，学校每学期进行抽查。

附录2　九年一贯制农村学校"红领巾奖章"争章细则

第一节　指导思想

本《细则》根据《"红领巾奖章"实施办法》精神，结合本校实际而制订，旨在运用少先队特有的组织形式，深入开展爱国主义、集体主义、社会主义教育和行为规范养成教育，以实践体验活动为基本途径，以训练技能为基本内容，以红领巾奖章为激励措施，激发队员的主观能动作用，改革队员品德行为评估体系，提高队员全面素质。

第二节　活动形式

（一）召开启动仪式使全校师生了解活动内容。

（二）召开辅导员会议及中队长会议培训活动实际操作过程。

（三）大队部在每年的六一节、建队节召开一次颁章大会。

第三节　活动过程

一、定章

每学期开学初根据学校的实际情况，学生的成长需要确定好不同年级所要争得的章目，并进行公示。

二、争章

（一）首先利用少先队活动课、班会时间使队员们了解争章要求及过程。争章尽可能与体验教育活动、各学科教育活动、兴趣小组活动和假日小队活动相结合。各中队辅导员应结合争章，有意识地辅导学生开展相关活动，协调活动实践课教师为队员争章创造条件。

（二）争章以队员自主争创为主，各中、小队制定争章计划，每月要有重点争章目标，围绕此目标，每月至少开展一次相关队活动。

三、考章

考评由各中队辅导员与相关任课教师共同进行，要体现小型、灵活，强调简便易行，重在激励。考评在中队辅导员的指导下，在中队委员会的带领下，以中队委员、小队长、队员自主考评为主。

四、颁章

（一）各中队每月公布一次获章情况，中队辅导员将队员们所得奖章做好统计，在学习园地进行公示。

（二）大队部将各中队获章情况学期末于学校公告栏进行公示。

（三）争章活动开展情况与结果将与优秀班集体考核、三好生、品学兼优生的评比相挂钩。

（四）大队部在中队队员争章的基础上，每学期评选一次个人一星章、集体一星章进行表彰。

（五）大队部在每年的六一节、十一等重要时间节点开展一次颁章仪式，并将获奖情况记录于队员的成长档案里。

（六）年级奖章设置：

年级	项目	内容
一年级	基础章	红星章－向阳章 红旗章－梦想章 火炬章－奉献章
	特色章	小百灵章
二年级	基础章	红星章－向阳章 红旗章－梦想章 火炬章－奉献章
	特色章	小书虫章
三年级	基础章	红星章－传承章 红旗章－小主人章 火炬章－劳动章
	特色章	创新章
四年级	基础章	红星章－立德章 红旗章－团结章 火炬章－勇敢章
	特色章	创新章
五年级	基础章	红星章－立志章 红旗章－健体章 火炬章－节约章
	特色章	博学章

五、各奖章获章标准

类别	项目	内容	评价要求	结果呈现（奖章）
红领巾奖章	基础章	红星章 向阳章	1. 认识党旗、团旗、队旗；认识党徽、团徽、队徽； 2. 知道习近平爷爷是伟大的领袖； 3. 知道中国共产党是少先队的创立者和领导者，少先队员要听党的话跟党走； 4. 能够说出党的名称、党的生日； 5. 能够记住习近平爷爷对少年儿童的寄语"从小学习做人、从小学习立志、从小学习创造"； 6. 认真参与学校10月份开展的爱国主义主题教育。	中队辅导员纸笔测试、相关任课教师测试、队前考核当面问答 全部合格获得相应奖励贴一枚。
		传承章	1. 了解当年毛泽东和红军战士的艰苦生活； 2. 知道今天的幸福生活来之不易； 3. 了解老一辈无产阶级革命家怎样全心全意为人民服务； 4. 学习老前辈，心中有他人，克服自私自利行为； 5. 知道纪律对当年革命胜利的重要意义； 6. 知道今天应如何遵守纪律； 7. 能够讲述一个红色故事或参观一次红色基地； 8. 认真参与学校开展的革命传统教育活动。	
		立德章	1. 知道常用的文明礼貌用语，说话文明，不打架不骂人； 2. 会使用基本的礼节。如打招呼、握手、鞠躬、敬队礼； 3. 知道说实话是好孩子； 4. 懂得答应别人的事情要做到的道理； 5. 知道24字社会主义核心价值观的内涵； 6. 自觉为他人或集体做一件好事。	
		立志章	1. 知道理想、信念的内涵； 2. 了解一些名人志士的故事； 3. 寻找一位名人作为心中榜样； 4. 明确自己的每月目标、学期目标、学年目标； 5. 明确自己的人生目标和理想。	

附录 分析、讨论和建议

续表

类别	项目	内容	评价要求	结果呈现（奖章）
红领巾奖章	基础章	红旗章	梦想章	1. 认识、国旗、国徽，知道祖国的首都是北京； 2. 知道新中国的生日是10月1日； 3. 认识祖国版图、会唱国歌； 4. 知道中华民族最伟大的梦想是实现中华民族伟大复兴； 5. 知道个人梦与中国梦的密切联系； 6. 能够做到为了梦想不懈努力。	全部合格获得相应奖励贴一枚。
			小主人章	1. 知道爱自己、爱父母、爱老师、爱小伙伴； 2. 知道帮助他人就是好孩子； 3. 能主动为集体或他人做一件好事； 4. 知道有关青少年的法律法规的名称； 5. 知道哪些是未成年人不能做的事情； 6. 能够严格要求自己，自觉遵守法律法规。	
			团结章	1. 知道班级、家庭、国家等是集体，自己是集体中的一员； 2. 了解集体生活的一般要求，初步学会在集体中生活； 3. 积极参加班集体组织的各项活动，培养集体意识，为集体做一些力所能及的事； 4. 懂得集体力量大，个人的进步离不开集体的帮助，逐步培养关心集体，爱护集体荣誉的思想； 5. 做到"心中有集体"，主动做集体的主人。	
		火炬章	健体章	1. 了解一些基本的体育项目，知道体育锻炼可以增强体质； 2. 认真上好体育课、做好课间操和眼保健操； 3. 坐立行姿势正确，体质测评成绩合格。	
			奉献章	1. 明确班级或学校设置的各类服务岗位； 2. 清楚各类服务岗位的重要性； 3. 积极申请各类服务岗； 4. 认真完成小岗位职责； 5. 积极参加班级志愿服务团体发布的各项志愿服务活动。	

157

续表

类别	项目	内容	评价要求	结果呈现（奖章）
红领巾奖章	基础章	劳动章	1. 主动担任一次小组、中队里的环保小卫士； 2. 能够完成日常的值日生任务； 3. 自觉维护校内卫生，懂得保护环境人人有责； 4. 能够做到自己的事情自己做； 5. 能帮助父母做一些简单的家务； 6. 积极参加学校开展的劳动实践活动。	全部合格获得相应奖励贴一枚。
		勇敢章	1. 了解当年毛泽东带领人民坚持不懈努力拼搏的奋斗史； 2. 知道今天的幸福生活是通过不懈努力奋斗出来的； 3. 能够做到刻苦学习、不断进取； 4. 了解一些出名的奋斗故事； 5. 寻找一位名人作为心中榜样； 6. 能够做到勇挑重担，主动承担； 7. 立志从小学先锋、长大做先锋。	
		节约章	1. 了解当年毛泽东和红军战士的艰苦生活； 2. 知道今天的幸福生活来之不易； 3. 了解父母亲辛酸的创业史，了解他们的艰辛的奋斗史，学会珍惜父母的劳动成果； 4. 做到每天节约一粒粮、节约一滴水、节约一分钱。 5. 养成存储零花钱的习惯。	
红领巾奖章	特色章	博学章	1. 知道学习使人进步，养成好的学习习惯； 2. 养成认真听讲、按时完成作业、积极回答问题等好习惯； 3. 及时改正错误，虚心接受帮助；	中队辅导员纸笔测试、相关任课教师测试。
		创新章	4. 善于观察，乐于思考，爱提问题； 5. 了解自己喜欢的发明家和发明小故事； 6. 选读一本科普绘本； 7. 画一幅科幻画。	

附录
分析、讨论和建议

续表

类别	项目	内容	评价要求		结果呈现（奖章）
红领巾奖章	特色章	小书虫章	1. 知道书籍是人类进步的阶梯； 2. 知道学好普通话的重要性； 3. 会使用字典； 4. 每学期会背二十首古诗词； 5. 每学期最少读十本课外书，并能够简单地说出书名、故事情节。	中队辅导员纸笔测试、相关任课教师测试。	全部合格获得相应奖励贴一枚。
		小百灵章	1. 知道艺术与生活密不可分，了解基本的艺术形式； 2. 观看一次文艺演出； 3. 参加一次中队文艺表演活动； 4. 积极参与学校开展的艺术科技节等，能上交高质量的作品。		
	星级章	个人一星章	学生所获基础张+特色章的总数在总奖章数80%以上。（原则上不超过全班人数的30%）	中队辅导员评定、校少工委小组审核	获得模范学生奖状一张
		集体一星章	全班半数学生所获基础张+特色章的总数在总奖章数80%以上。（原则上不超过班级总数30%）		获得优秀班集体奖状一张

159

附录3

党员民主评议表

党支部名称：　　　　　　　　　　　时间：　　年　　月　　日

党员姓名	评议等次				党员姓名	评议等次			
	优秀	合格	基本合格	不合格		优秀	合格	基本合格	不合格

备注：

（一）每名党员只选择一个评议等次，并在相应的空格内打"√"。

（二）预备党员参加民主评议，但不评定等次。

（三）记分办法：优秀100分、合格80分、基本合格60分、不合格50分。

（四）优秀率不得超过党员总数的35%，合格、基本合格率各占30%左右。

附录4

党支部班子和支委会成员民主测评表

单位名称：　　　　　　　　　　时间：　　年　月　日

测评对象	综合评价			
	优秀	称职	基本称职	不称职
党支部班子				
党支部班子（支委会成员）	测评对象			
	优秀	称职	基本称职	不称职

备注：

1.每名总支委员只选择一个评议等次，并在相应的空格内打"√"。

2.记分办法：优秀100分、称职80分、基本称职60分、不称职50分。

附录5

九年一贯制农村学校民主生活会征求意见表

年　　月

姓名		主持人	
对党支部领导班子的意见建议			
对党支部领导班子成员的意见建议			

注：请各支部以适当形式征求党内外群众的意见建议，重点围绕理想信念、政治纪律和政治规矩、作风、担当作为、组织生活和落实全面从严治党责任等方面对党总支领导班子和党员领导干部提出意见建议。（如本表不够用，可附页）